中学校社会サポートBOOKS

単元を貫く学習課題でつくる！

中学校地理の授業展開＆ワークシート

川端裕介 著

明治図書

まえがき

　新学習指導要領の実施に伴い，社会科の授業はどのように変化するのでしょうか。「主体的・対話的で深い学び」「見方・考え方」「カリキュラム・マネジメント」などの新しい概念については，文部科学省の資料でも様々な説明がされ，関連書籍も発行されるなど，理論面での理解は広がっているように思います。

　しかし，教室で毎時間，生徒と向き合いながら授業を行う際に，それらの新しい概念をどのように生かせば良いのでしょうか。経験の少ない先生方や，多忙な中で教材研究の時間を確保できない先生方にとって，一から授業の形や内容を考えるのは現実的ではありません。

　また，「これまでと大きく変わるわけではない」と楽観視する意見もありますが，必ずしもそうは言いきれません。学習する知識や技能に同じ部分があったとしても，生徒が「見方・考え方」を働かせる機会を確保して「主体的・対話的で深い学び」を実現できるように，単元の計画や授業の展開を新たにデザインしなければならないからです。これまでの授業実践の経験や研究の蓄積を生かしながら，新学習指導要領に合わせて授業改善を図る必要があります。

　そこで，本書は新学習指導要領に沿って，地理的分野におけるすべての単元を取り上げ，各単元の目標と各時間の目標と概要，主な授業の展開例とワークシートを掲載しています。授業展開例には，地理的な「見方・考え方」を働かせるポイントを具体的に示しています。

　また，すべての単元において「単元を貫く学習課題」を設定しました。「主体的・対話的で深い学び」の内，特に「深い学び」を実現するためには，単元のまとまりの中で課題を追究していくことが大切です。そこで，新学習指導要領の内容に基づき，地理的分野のすべての単元に関して，単元を貫く学習課題を設定しました。巻末には，その解答例を掲載しています。このように新学習指導要領に基づいて，網羅的に地理的分野の学習指導について取り上げたのは，おそらく初めての試みかと思います。研究授業などの特別な機会に活用するというよりは，日常の授業改善に資するものを目指しました。

　以上のように，汎用性の高い内容にすると同時に，単なるマニュアル本やノウハウ本にならないように配慮しました。本書の実践例や単元計画には，新学習指導要領のねらいや内容を反映させています。授業実践例や単元計画を通して，新学習指導要領の趣旨が理解できるように心がけました。

　本書で示した単元を貫く学習課題の有用性や，生徒が「見方・考え方」を授業の中で働かせるための方法については，今後の研究を通して，一層精査する必要があると考えます。本書を足がかりにして，これからの社会科の授業の在り方について議論が深まり，実践が広がっていけば幸いです。

2019年1月

川端　裕介

本書の使い方

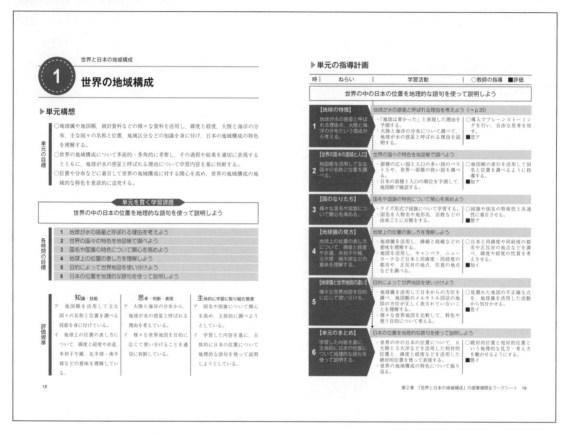

単元構想

平成29年告示の新学習指導要領に基づいて、地理的分野の全単元の目標と評価規準を明記しました。評価規準についても、新学習指導要領に合わせて3観点にしました。指導案作成などの参考になると思います。

また、すべての単元について「単元を貫く学習課題」を立て、その課題の追究に必要な各時間の目標を紹介したのが、本書の大きな特徴です。

単元の指導計画

すべての単元の指導計画を紹介しています。新学習指導要領に準拠しながら、地理的分野の全時間の学習展開を網羅しています。指導計画を作成する際の参考になると思います。

また、各時間については、ねらいと主な学習活動と教師の指導の要点を示しました。あくまで概要ですが、新指導要領の実施後はもちろん、現時点でも参考になる内容があると思います。

社会的な見方・考え方を働かせる授業展開

「見方・考え方」を働かせ，深い学びを具現化するための授業展開例です。とくに「見方」に関わる，考える際の視点を明示しています。

また，導入・展開・まとめの1単位時間の流れと，それぞれの場面で主となる発問や活動，留意点を紹介しました。本書の内容に沿って進めると，授業が基本的には成り立つように構成しました。

本時のワークシート

そのままコピーして使えるように，左の授業展開に沿った内容のワークシートを用意しました。もちろん，内容を参考にして別のワークシートを作成したり，追加や削除などの修正をしたりするなど，目的や先生方の授業のスタイルに応じて改変していただければと思います。また，ワークシートで使う資料は，多くの教科書や地図帳などに掲載されているものを元にしています。

目次

まえがき 3

本書の使い方 4

第1章
単元を貫く学習課題でつくる地理的分野の授業

1 単元を貫く学習課題の設定 ………………………………………………… 12

2 地理的分野で働かせたい「社会的な見方・考え方」………………………… 14

Column 1 》 地理的分野におけるワークシート作成のポイント 16

第2章
「世界と日本の地域構成」の授業展開&ワークシート

1 世界の地域構成 ……………………………………………………………… 18

　地球が水の惑星と呼ばれる理由を考えよう（1/6時間）20

2 日本の地域構成 ……………………………………………………………… 22

　47都道府県と都道府県庁所在地をグループに分けよう（4/5時間）24

Column 2 》 世界地理におけるアクティブ・ラーニングのポイント 26

第3章
「世界の様々な地域」の授業展開&ワークシート

3　世界各地の人々の生活と環境 …………………………………………………… 28
　　地域による生活のちがいについて関心を高めよう（1／8時間）　30

　　乾燥帯の自然環境と生活の変化について資料から読み取ろう（3／8時間）　32

4　アジア州 ………………………………………………………………………… 34
　　アジアへの関心が変化した理由を予測しよう（1／8時間）　36

　　インドでICT産業が発展する理由を他国と比べながら考えよう（6／8時間）　38

5　ヨーロッパ州 …………………………………………………………………… 40
　　EUの拡大による利点と問題点について考えよう（2／7時間）　42

　　ヨーロッパの工業が拡大した理由について理解しよう（4／7時間）　44

6　アフリカ州 ……………………………………………………………………… 46
　　アフリカの産業について資料から読み取ろう（3／5時間）　48

7　北アメリカ州 …………………………………………………………………… 50
　　北アメリカの自然や暮らす人々の特色を理解しよう（1／5時間）　52

　　アメリカの文化の背景について理解しよう（4／5時間）　54

8 南アメリカ州 ………………………………………………………………… 56
　　南アメリカの経済成長と環境問題を関連付けて理解しよう（2/4時間）　58

9 オセアニア州 ………………………………………………………………… 60
　　オセアニア州と他地域の結び付きについて考えよう（3/4時間）　62

Column 3 》　日本地理におけるアクティブ・ラーニングのポイント　64

第4章

「日本の様々な地域」の授業展開&ワークシート

10 地域調査の手法 ……………………………………………………………… 66
　　等高線や縮尺，地図記号を理解して地形図を読み取ろう（2/5時間）　68

11 日本の地域的特色と地域区分 ……………………………………………… 70
　　日本の地域区分を理解して地図に表現しよう（2/10時間）　72

　　日本列島の地形の特色について理解しよう（3/10時間）　74

　　防災と減災に必要なことについて考えよう（6/10時間）　76

　　産業が地域や年代によってどのように変化しているか考えよう（9/10時間）　78

12 九州地方 …………………………………………………………………… 80
　　九州の農業における環境保全の工夫について考えよう（4/6時間）　82

環境保全のためにどのような工夫が必要か考えよう（5/6時間）　84

13　中国・四国地方 ………………………………………………………………………… 86
　　　都市の発展と過密の問題の関連を理解しよう（2/6時間）　88
　　　馬路村で地域おこしが成功した秘密を探ろう（4/6時間）　90

14　近畿地方 ……………………………………………………………………………… 92
　　　歴史を通して近畿への関心を高めよう（1/6時間）　94
　　　伝統的な街並みを守ることの良さについて考えよう（2/6時間）　96

15　中部地方 ……………………………………………………………………………… 98
　　　東海地方の工業が日本有数である理由を考えよう（2/6時間）　100
　　　東海地方の農業や漁業を他の地域と比べよう（3/6時間）　102

16　関東地方 ……………………………………………………………………………… 104
　　　東京が政治・経済・文化の中心である理由について考えよう（2/6時間）　106
　　　東京の過密の問題を他の都市と比べよう（3/6時間）　108

17　東北地方 ……………………………………………………………………………… 110
　　　東北地方の魚の流通量が減少した理由について考えよう（3/6時間）　112
　　　復興と東北の祭りの関連性について関心を高めよう（5/6時間）　114

18　北海道地方 …………………………………………………………………………… 116
　　　北海道の寒さと広さの価値について考えよう（2/6時間）　118

北海道の農業がどのような役割を果たしているか理解しよう（3/6時間）　120

19　地域の在り方 ……………………………………………………………………………… 122

　　　地域の課題について理解しよう（1/5時間）　124

　　　課題の解決に向けての見通しをもとう（4/5時間）　126

 「単元を貫く学習課題」に対するまとめの例　128

あとがき　135

第 1 章

単元を貫く学習課題でつくる地理的分野の授業

単元を貫く学習課題の設定　12

地理的分野で働かせたい
「社会的な見方・考え方」　14

単元を貫く学習課題でつくる地理的分野の授業

 単元を貫く学習課題の設定

▶単元のまとまりを見通す指導の重要性

　単元を貫く学習課題とは，1つの単元の学習の中で継続して生徒が追究する課題を指します。学習指導要領で言えば内容の(1)や①などのまとまりであり，教科書では数単位時間ごとの内容のまとまり（いわゆる小単元）に該当します。

　社会科を含めて，これまでの授業では，研究授業を含めて，1単位時間の授業が重視されてきた傾向があります。黒板に掲示したり，生徒に書き写させたりするのは，本時の目標のみの場合が一般的でした。単元の目標については，年間指導計画や学習指導案に記載はするものの，生徒は把握していなかったり，教師も意識していなかったりすることが多かったと思います。

　しかし，新学習指導要領の実施に伴って，単元全体を見通した指導が重視されるようになります。例えば「単元など内容や時間のまとまりを見通して，その中で育む資質・能力の育成に向けて，生徒の主体的・対話的で深い学びの実現を図るようにすること」（『中学校学習指導要領（平成29年告示）』の社会科「第3　指導計画の作成と内容の取扱い」の1(1)より引用）とあるように，1時間の授業だけではなく，1つの単元のまとまりを重視することが求められています。単元のまとまりを見通した指導を行うために，各時間の主発問よりも高次の問いとして，単元を貫く学習課題を設定する必要があります。それが，主体的・対話的で深い学びの実現につながります。

▶授業改善の効果

　単元を貫く学習課題を設定することは，次の4点で授業改善を図る効果があります。1点目に，教師にとっては一貫性のある指導が可能となります。単元の目標が形式的なものではなく，授業の柱として機能するため，各時間の授業の内容を関連付けた計画的な指導ができます。

　2点目に，評価に活用できます。単元を貫く学習課題に対する生徒の考えは，単元の導入の段階からまとめにかけて，大きく変容します。その変容の記録は，主体的に学習に取り組む態度（関心・意欲・態度）の評価に活用できます。挙手の回数など，表面的な「態度」を基準に評価するような事態を避け，社会科の学びに向かう姿勢を評価できるようになります。

　3点目に，生徒は現在どのような学習を行っているのかということと，単元の学習を通して何ができるようになれば良いのかを実感できます。学習の方向性が明確になると学習意欲が高まり，生徒は自分なりの課題をもって主体的に各時間の学習に臨むことができます。主体的な

学びを実現するために，単元によっては導入の時間に，生徒から単元を貫く学習課題に関するキーワードを出させる工夫も必要です。

　4点目に，生徒は地理的事象の特色を的確に理解することができます。各単元は，各地域の特色を理解するために，適切にまとめられた内容で構成されています。したがって，単元全体に関する問いを追究することで，生徒は学習する地域の特色を的確に理解できます。

　以上の4点の効果は，新学習指導要領が掲げる「主体的・対話的で深い学び」の実現につながります。とくに，「主体的」で「深い学び」は，1単位時間の授業だけでは実現が難しいため，単元を貫く学習課題の設定が重要となります。

▶単元を貫く学習課題の設定の仕方

　1つの単元の学習は，短くて4時間ほど，長い単元であれば10時間を超える場合もあります。実際の授業では，数週間にわたって生徒が意識できるような課題の設定が求められます。

　本書では，単元を貫く学習課題を問いの形で設定しました。その問いの質が重要です。問いが長すぎたり抽象的だったりすると，生徒の頭に入らず，印象にも残らないため，設定した意味がなくなります。しかし，逆に短かったり具体的にしすぎたりすると，学習指導要領が定める内容や単元の全体の目標と一致しなくなります。また，単元の目標と各時間の目標が一致しなくなるおそれもあります。

　そこで，黒板やワークシートに1行で収まる程度で，かつ生徒の関心を高め，単元の目標と内容に合致するという条件を設定して，それに基づいて単元を貫く学習課題を考えました。生徒の実態や指導のスタイルに応じて，修正や変更を加えながら活用していただければ幸いです。

▶単元構想の工夫

　単元を貫く学習課題は，原則としては単元の最初の学習で提示し，課題に対する最初の考えを記入させます。予想の形になることが多いでしょう。そして，単元の学習の最後に，学習した内容をふまえて，再び単元を貫く学習課題に対する考えをまとめます。

　あくまで基本形なので，単元によっては，毎時間のまとめの場面で単元を貫く学習課題への答えを記入させる方法も良いでしょう。毎時間記入させた方が，考えの変容を生徒は自覚し，教師も把握できるため，効果があります。しかし，現実的には時間の確保が難しいため，単元の最初と最後に，単元を貫く学習課題に対する考えを表現することを基本形としました。

　逆に，予測が立てにくい課題の場合は，単元全体の最後の時間にのみ考えるという方法もあり得ます。大切なのは，すべての単元で，単元を貫く学習課題を示すことです。また，毎時間の授業で関連する問いを発することや，課題を黒板に提示（またはワークシートに記載）することも重要です。単元を貫く学習課題を中心に，単元全体の学習をデザインすることを意識しましょう。それは，新学習指導要領の「カリキュラム・マネジメント」につながります。

単元を貫く学習課題でつくる地理的分野の授業

地理的分野で働かせたい「社会的な見方・考え方」

▶「見方・考え方」は学びを照らす明かり

　そもそも「見方・考え方」とは何なのでしょうか。新学習指導要領によると,「見方・考え方」とは「各教科等の特質に応じた物事を捉える視点や考え方」であると定義付けられ,「新しい知識及び技能を既にもっている知識及び技能と結び付けながら社会の中で生きて働くものとして習得したり,思考力,判断力,表現力等を豊かなものとしたり,社会や世界にどのように関わるかの視座を形成したりするために重要なものであり,習得・活用・探究という学びの過程の中で働かせることを通じて,より質の高い深い学びにつなげることが重要である」(『中学校学習指導要領（平成29年告示）解説総則編』)と説明がされています。

　つまり,知識・技能の活用と習得,思考力・判断力・表現力の育成,学びに向かう力の涵養といった,新学習指導要領が定める学力の育成の鍵になる視点や方法が,「見方・考え方」を働かせた「深い学び」です。イメージとしては,生徒が目標に到達するための道筋は,次第に深く,難解になります。その道を照らす明かりや指針となるような,考察や構想の視点や方法が「見方・考え方」と言えます。「見方・考え方」が明確であれば,どのような知識・技能を活用しながら,どのような視点や方法で思考・判断・表現すれば良いのか,生徒は明確にイメージすることができます。その結果,各単元や各時間の目標からそれてしまうような考察や,論拠に欠けるような考察を防ぎ,地理的な「見方・考え方」に基づく「深い学び」が実現できます。

▶社会科の地理的な「見方・考え方」

　各教科の「見方・考え方」には,それぞれの教科の特質が反映されます。社会科の地理的分野は,空間や地域に着目する分野です。そのため,地理的な「見方・考え方」は,空間的な概念がポイントになります。具体的には,位置や空間的な広がりに関わる視点や,場所に関わる視点,人間と自然の相互依存関係に関わる視点,空間的相互依存関係に関わる視点,地域に関わる視点などから,社会的事象の特色や相互の関連,意味を多面的・多角的に考察する方法や,課題の解決に向けて構想する方法などが,新学習指導要領において例示されています。

　なお,「見方・考え方」は明確には分類されていないものの,社会科においては上記の視点の部分を「見方」,考察する方法や構想する方法を「考え方」と捉えて良いでしょう。これらの「見方・考え方」を生徒が働かせるように工夫することで「深い学び」が実現し,各教科の

目標に沿って，生徒に必要な学力を身に付けさせることができます。

▶単元の中での「見方・考え方」の働かせ方

　新学習指導要領における「深い学び」は，1時間の授業ではなく，単元や題材などの一連の学習の中で実現を目指すものとされています。しかし，それはある時間では「深い学び」を行わず，別の時間では徹底的に「深い学び」をするというわけではありません。単元のまとまりの中で，少しずつ学びを深めていくようなイメージです。深める方向やペースは授業によって差があっても，単元全体で「深い学び」を意識することが大切です。

　同様に，「深い学び」の鍵となる「見方・考え方」についても，単元全体の中で生徒の「見方・考え方」を鍛えるように，単元構想をすることが重要です。単元の中で，どのような視点や考えを使わせて鍛えたいのかということや，とくに強調したい「見方・考え方」を明確にし，単元の計画に位置付けるようにしましょう。

▶授業の中での「見方・考え方」の働かせ方

　授業の中で「見方・考え方」を働かせるためには，考えたり構想したりする視点を明確にしながら発問を行うことがポイントです。地理的分野において「見方・考え方」を働かせる発問であれば，例えば，次のようなパターンが考えられます。

①位置や分布に関する発問の例
　「緯度や経度を用いると（周辺の国や地形を用いると），日本の位置はどのように表せるか」
　「なぜアメリカ合衆国では，地域ごとに主な農業が集中して分布しているのか」

②場所に関する発問の例
　「3つの宗教の聖地とはどのような場所なのか」
　「ラパスとマナオスの緯度はほぼ同じなのに，なぜ生活の様子が異なるのか」

③人間と自然環境との相互依存関係に関する発問の例
　「アマゾンの森林は何に変化しているか」「森林の減少によってどのような問題が起きるか」

④空間的相互依存作用に関する発問の例
　「東京の目黒のさんま祭りは，東北や四国とどのように結び付いて行われているのか」

⑤地域に関する発問の例
　「アフリカの国々が植民地だった歴史は，現在どのような課題を生み出しているか」
　「東京は，同じ過密状態の広島市とどこが異なっているのか」

　以上の例のように，地理的な視点を含んだ形で発問することで，生徒が目標とずれることなく思考し，表現することができます。一見すると，普通の発問のように感じるかもしれません。しかし，教師が視点を常に意識しながら授業を組み立てた上で発問を行うことで，生徒は「見方・考え方」を働かせることができるようになります。それが「深い学び」につながります。

> **Column 1**　地理的分野における
> ワークシート作成のポイント

❶ 授業のスタイルに応じてワークシートを活用

　先生方には，それぞれ授業の基本形があることと思います。ノートのみ，ノートとワークシートの併用，ワークシートのみ，プレゼンテーションソフトの活用など，授業の形は千差万別です。ノートとワークシートを併用する場合も，ワークシートを別途ファイリングさせる方法とノートに貼る方法に分かれるなど，教師の数だけノートやワークシートの形があると言っても良いでしょう。

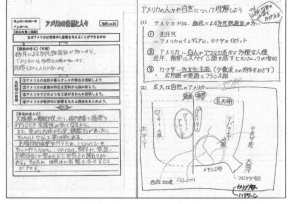

　私の場合は右上のように，見開きを1単位時間の学習として，左をワークシート，右をノートにしています。ノートには板書の補足事項の他，生徒が自分で調べたり考えたりした内容を記入するようにしています。ただし，授業によっては，右の写真のように両面にワークシートを貼らせる場合もあります。

　本書では，ワークシートを使いながら，1単位時間の指導ができるようにワークシートを修正しました。先生方の望むスタイルに合わせて，ワークシートを改変したり板書と併用したりするなど，柔軟に活用していただければ幸いです。

❷ ワークシートで学習展開を可視化

　ワークシートの良さとして，ノートに比べると1単位時間の展開が可視化されている点があります。生徒はワークシートを見ることで，学習の流れを把握できます。授業後には，ワークシートを読み返すことで，順を追って内容を振り返ることができます。

　したがって，授業の流れを意識しながらワークシートを作成することが大切です。例えば，主発問は大きめの枠にするなどの方法が考えられます。指導案がなくても，ワークシートと板書計画があれば指導ができるような形でワークシートを作成すると，とても効率的です。

第 2 章

「世界と日本の地域構成」の授業展開 & ワークシート

世界の地域構成　18

日本の地域構成　22

世界と日本の地域構成

1 世界の地域構成

▶単元構想

単元の目標
○地球儀や地図帳，統計資料などの様々な資料を活用し，緯度と経度，大陸と海洋の分布，主な国々の名称と位置，地域区分などの知識を身に付け，日本の地域構成の特色を理解する。
○世界の地域構成について多面的・多角的に考察し，その過程や結果を適切に表現するとともに，地球が水の惑星と呼ばれる理由について学習内容を基に判断する。
○位置や分布などに着目して世界の地域構成に対する関心を高め，世界の地域構成の地域的な特色を意欲的に追究する。

単元を貫く学習課題
世界の中の日本の位置を地理的な語句を使って説明しよう

各時間の目標
1	地球が水の惑星と呼ばれる理由を考えよう
2	世界の国々の特色を地図帳で調べよう
3	国名や国旗の特色について関心を高めよう
4	地球上の位置の表し方を理解しよう
5	目的によって世界地図を使い分けよう
6	日本の位置を地理的な語句を使って説明しよう

評価規準

知識・技能	思考・判断・表現	主体的に学習に取り組む態度
ア 地図帳を活用して主な国々の名称と位置を調べる技能を身に付けている。 イ 地球上の位置の表し方について，緯度と経度や赤道，本初子午線，北半球・南半球などの意味を理解している。	ア 大陸と海洋の分布から，地球が水の惑星と呼ばれる理由を考えている。 イ 様々な世界地図を目的に応じて使い分けることを適切に判断している。	ア 国名や国旗について関心を高め，主体的に調べようとしている。 イ 学習した内容を基に，主体的に日本の位置について地理的な語句を使って説明しようとしている。

▶単元の指導計画

時	ねらい	学習活動	○教師の指導 ■評価

世界の中の日本の位置を地理的な語句を使って説明しよう

時	ねらい	学習活動	○教師の指導 ■評価
1	【地球の特徴】地球が水の惑星と呼ばれる理由を，大陸と海洋の分布という視点から考える。	地球が水の惑星と呼ばれる理由を考えよう（→p.20） ・「地球は青かった」と表現した理由を予測する。 ・大陸と海洋の分布について調べて，地球が水の惑星と呼ばれる理由を説明する。	○導入でブレーンストーミングを行い，自由な思考を促す。 ■思ア
2	【世界の国々の面積と人口】地図帳を活用して主な国々の名称と位置を調べる。	世界の国々の特色を地図帳で調べよう ・面積の広い国と人口の多い国のベスト5や，世界一面積の狭い国を調べる。 ・日本の面積と人口の順位を予測して，地図帳で確認する。	○地図帳の索引を活用して国名と位置を調べるように指導する。 ■知ア
3	【国のなりたち】様々な国名や国旗について関心を高める。	国名や国旗の特色について関心を高めよう ・クイズ形式で国旗について学習する。 ・国名を人物名や地形名，宗教などの由来ごとに分類をする。	○国旗や国名の特殊性と共通性に着目させる。 ■態ア
4	【地球儀の見方】地球上の位置の表し方について，緯度と経度や赤道，本初子午線，北半球・南半球などの意味を理解する。	地球上の位置の表し方を理解しよう ・地球儀を活用し，緯線と経線などの意味を理解する。 ・地図を活用し，キャンベラ，ニューヨークなど日本と同緯度・同経度の都市や，正反対の地点，任意の地点などを調べる。	○日本と同緯度や同経度の都市や正反対の地点などを調べ，緯度や経度の性質を考えさせる。 ■知イ
5	【地球儀と世界地図の違い】様々な世界地図を目的に応じて使い分ける。	目的によって世界地図を使い分けよう ・地球儀を活用して日本からの方位を調べ，地図帳のメルカトル図法の地図の方位が正しく表されていないことを理解する。 ・様々な世界地図を比較して，特色や使う目的について考える。	○見慣れた地図の不正確な点を，地球儀を活用した活動から気付かせる。 ■思イ
6	【単元のまとめ】学習した内容を基に，主体的に日本の位置について地理的な語句を使って説明する。	日本の位置を地理的な語句を使って説明しよう ・世界の中の日本の位置について，6大陸と3大洋などを活用した相対的位置と，緯度と経度などを活用した絶対的位置を使って表現する。 ・世界の地域構成の特色について振り返る。	○絶対的位置と相対的位置という地理的な見方・考え方を働かせるようにする。 ■態イ

第1時 地球が水の惑星と呼ばれる理由を考えよう

本時の目標

1 導入 「地球は青かった」と表現した理由を予測する

「『地球は○○』で連想することは？」という発問から学習に入る。2分程度の短い時間で、ワークシートに連想する言葉を次々と書かせる（ブレーンストーミングを行う）ことで、生徒の意欲を引き出す。本時は、中学校の地理の最初の学習である。そのため、生徒に興味を抱かせる工夫が、特に重要である。

次に、ソ連のガガーリンの「地球は青かった」という言葉を紹介して、「なぜガガーリンは『地球は青かった』と言ったのか」と問い、その理由を予測させる（ワークシートの❷）。

2 展開 大陸と海洋の分布について調べる

「地球の特徴について調べよう」と問い、ワークシートの❸に取り組む。まずは、教科書などに掲載されている海洋と陸地の割合を調べさせる。続けて、地図帳を使って6大陸と3大洋の名称を確認する。その際には、スクリーンやテレビに地図を写すか、掛図を用意して位置を確認する。また、地図帳の使い方について説明を行い、調べる技能を身に付けさせる。

> **見方・考え方を働かせるポイント** ▶▶▶
> 地理的分野の導入となる単元であることを踏まえ、地理的な見方・考え方の基本となる、位置や分布に関する視点から考えさせる。また、ブレーンストーミングを行い、既存の知識を活用して生徒の学習意欲を高めさせるように工夫を図る。

3 まとめ 地球が水の惑星と呼ばれる理由を説明する

「なぜ地球が水の惑星と呼ばれるのか、理由を説明しよう」と問い、海洋の割合が多いことに関連付けて説明させてまとめとする（ワークシートの❹）。まとめの後には、単元を貫く学習課題と関連させて「日本はどの大陸や海洋と近いか」と尋ね、日本の相対的な位置について考えさせる（ワークシートの❺）。

ワークシートの解答例

❶ （例）丸い。青い。大きい。星。

❷ （例）地球には海（水）が多いから。

❸ ①3：7　②ユーラシア　アフリカ　北アメリカ　南アメリカ　オーストラリア　南極
　③太平洋　大西洋　インド洋

❹ （例）地球は陸地と海の面積の割合が3：7で、陸地よりも海の方が広いから。

❺ （例）日本はユーラシア大陸に近く、太平洋に面している。ユーラシア大陸の東、太平洋の西。

本時のワークシート

単元を貫く学習課題 ▶ 世界の中の日本の位置を地理的な語句を使って説明しよう

地球の特徴

今日の目標 ▶ 地球が水の惑星と呼ばれる理由を考えよう

❶ 「地球は○○」で連想することは？

❷ ガガーリンはなぜ「地球は（　　　　　　）」と言ったのだろうか。

❸ 地球について調べよう。
　①地球の陸地と海洋の面積　　陸地：海洋＝（　　　）：（　　　）
　②6大陸　（　　　　　　）大陸　（　　　　　　　）大陸
　　　　　　（　　　　　　）大陸　（　　　　　　　）大陸
　　　　　　（　　　　　　）大陸　（　　　　　　　）大陸
　③3大洋　（　　　　　）（　　　　　　）（　　　　　　）

❹ 【まとめ】なぜ地球は水の惑星と呼ばれるのか。

❺ 日本はどの大陸や海洋に近いか。

世界と日本の地域構成

日本の地域構成

▶単元構想

単元の目標

○地球儀や地図帳，統計資料などの様々な資料を活用し，国土の位置や世界各地との時差，領域の範囲や変化などの知識を身に付け，世界の地域構成の特色を理解する。

○日本の地域構成について，周辺の海洋や国土の位置などに着目して多面的・多角的に考察し，その過程や結果を適切に表現するとともに，日本の領域をめぐる問題について的確に判断する。

○位置や分布などに着目して日本の地域構成や日本の領域をめぐる問題に対する関心を高め，日本の地域構成の特色を意欲的に追究する。

単元を貫く学習課題
日本は島国のため，どのような地理的な特色があるか

各時間の目標

1	時差のしくみを理解し，日本の位置を説明しよう
2	日本の領域の広がりを地図から読み取ろう
3	領土問題についての関心を高めよう
4	47都道府県と都道府県庁所在地をグループに分けよう
5	島国として日本がもつ特色についてまとめよう

評価規準

知識・技能	思考・判断・表現	主体的に学習に取り組む態度
ア 時差の仕組みを理解し，日本と世界各地の時差を計算して求めることができる。 イ 日本の領域の範囲や変化とその特色を地図などから読み取って理解することができる。	ア 都道府県と都道府県庁所在地について，分類する基準を考える。	ア 日本の領域をめぐる問題についての関心を高め，論理的に判断しようとしている。 イ 学習した内容を基に，日本の位置や分布の特色について意欲的に表現しようとしている。

▶単元の指導計画

時	ねらい	学習活動	○教師の指導　■評価
		日本は島国のため，どのような地理的な特色があるか	
1	【時差】 時差の仕組みを理解し，日本と世界各地の時差を計算して求める。	時差のしくみを理解し，日本の位置を説明しよう ・経度の差によって時差が生じることや，太平洋に面する日本は他の都市より時刻が早い場合が多いことを理解する。 ・日本と世界の各都市の時差や，任意の2地点の時差について計算して求める。	○時差の計算の際に，等時帯を表した地図も活用する。 ■知ア
2	【日本の領域】 日本の領域の範囲や変化とその特色を地図などから読み取って理解する。	日本の領域の広がりを地図から読み取ろう ・日本の位置を隣接する大陸や海洋，近隣の国々との関係から読み取る。 ・領域の3要素について図で表現しながら理解する。 ・日本は他国と比べて，排他的経済水域が広いことを資料から読み取る。	○沖ノ鳥島の工事の理由から，排他的経済水域の意味を考えさせる。 ■知イ
3	【日本の領土問題】 日本の領域をめぐる問題についての関心を高める。	領土問題についての関心を高めよう ・クイズで北方領土への関心を高める。 ・歴史的な経緯や国際法について調べ，北方領土と竹島は日本固有の領土であることを理解する。 ・領土をめぐる対立について理解し，平和的な解決の方法について判断する。	○クイズでは北方領土の面積が広大であることや，ソ連が占拠する前の方が人口の多い島があることなどを出題する。 ■態ア
4	【47都道府県と7地方区分】 都道府県と都道府県庁所在地について，分類する基準を考える。	47都道府県と都道府県庁所在地をグループに分けよう（→ p.24） ・47都道府県と都道府県庁所在地をクイズで確認する。 ・7地方ごとに班で分担しながら，都道府県庁所在地を城下町や港町，門前町，宿場町などに分類して表現する。 ・分類の基準について確認する。	○都道府県や都道府県庁所在地を分類させる際の基準を明確にする。 ■思ア
5	【単元のまとめ】 学習した内容を基に，日本の位置や分布の特色について意欲的に表現する。	島国として日本がもつ特色についてまとめよう ・日本が「極東」と呼ばれる位置にある島国であるという視点から，日本の領域や地域構成についての特色を振り返って文章でまとめて表現する。	○絵を描かせたり実物資料を活用したりして，主体的な学びを促す。 ■思イ

第4時 本時の目標 47都道府県と都道府県庁所在地をグループに分けよう

1 導入　クイズで47都道府県と都道府県庁所在地を確認する

　小学校の復習として，47都道府県の中から，いくつかをクイズで確認する。地図のシルエットクイズや，スリーヒントクイズ（例えば大阪なら「日本で2番目に面積が狭い」「日本で3番目に人口が多い」「『県』ではない」など）を行い，47都道府県に対する生徒の関心を高めさせる。その上で，「47の都道府県や都道府県庁所在地は，どのように分類できるか考えよう」と本時の目標を確認する。

2 展開　大陸と海洋の分布について調べる

　まずは「日本を7つの地方に区分しよう」と問い，地図帳や教科書を参考にワークシートの❷を取り組ませる。つづけて，都道府県庁所在地を「城下町」「港町」「その他」に分類させる。7地方区分に沿って生徒を6班に分け，考えさせると良い（北海道地方と東北地方は1班にする）。「その他」については，門前町（長野市）や新しく作った町（札幌市）など，どのような町かを考えさせる。その際に，各市の航空写真の資料や各市の歴史を簡単にまとめた資料を用意する。班で分類した結果を全体で交流した後に，「**都道府県庁所在地は沿岸部と内陸部のどちらに多いか**」と問い，各地の中心となる都市が比較的沿岸部に多いことを確認する。

> **見方・考え方を働かせるポイント ▶▶▶**
> 　本時で主となるのは分類させる活動である。都道府県では位置に注目させ，都道府県庁所在地では，発展の経緯や自然環境に注目させることで，一定の基準に沿って分類する技能が磨かれる。また，都市の発展が自然の影響や歴史的経緯と関連することにも注目させる。

3 まとめ　単元を貫く学習課題と関連させて学習内容を振り返る

　ワークシートの❺を記入させる。その際，都道府県庁所在地に港町がある点や，沿岸部に大きな都市が多い点が，島国で海岸線が長いという地理的特色と関連することに気付かせる。

ワークシートの解答例

❶ 略

❷ ①九州　②中国・四国　③関東　④中部　⑤近畿　⑥北海道　⑦東北

❸ （関東地方の例）城下町…東京・水戸市・宇都宮市・前橋市　　港町…横浜市
　　　　　　　その他…千葉市（宿場町）・浦和市（宿場町）

❹ 沿岸部

❺ ①都道府県　②港を中心として発達した港町

本時のワークシート

単元を貫く学習課題 日本は島国のため，どのような地理的な特色があるか

47都道府県と7地方区分

今日の目標 ▶ 47都道府県と都道府県庁所在地をグループに分けよう

❶ 47都道府県＆都道府県庁所在地クイズ

❷ 7地方区分

3区分	西南日本	中央日本	東北日本
7区分	（①　　　　）地方 （②　　　　）地方	（③　　　　）地方 （④　　　　）地方 （⑤　　　　）地方	（⑥　　　　）地方 （⑦　　　　）地方

❸ 都道府県庁所在地を分類しよう。

分類	城下町	港町	その他
町として発達した流れ	大名などが住む城	港を中心に発達	※どのような町か説明を加えよう
具体例			

❹ 都道府県庁所在地は，沿岸部と内陸部のどちらに多いか。（　　　　　）

❺【まとめ】

　日本は47の（①　　　　　　）に分かれ，各地の政治が行われている。都道府県庁所在地には様々な成り立ちがあり，例えば横浜市は（②　　　　　　　　　　）である。

Column 2　世界地理における アクティブ・ラーニングのポイント

❶ 知らない地域への関心を高める

　世界地理は，小学校ではあまり学習しない内容です。5年生で世界の大陸と主な海洋，主な国の位置などを学習するくらいです。あるいは，テレビ番組などで部分的に知っている海外の情報もあるでしょう。いずれにせよ，生徒は中学校に入学してから，初めて本格的に世界の様々な地域について学習します。

　そこで，生徒の関心を高めるために，生徒が驚くような世界各地の自然や文化などの地理的な特色を導入などで紹介すると，生徒の意欲を高めることができます。例えば，アマゾン川の流域面積は日本の約18倍であることや，流域の熱帯雨林の面積は世界の森林の5分の1を占めることなどのデータに基づく事実については，多くの生徒が驚くでしょう。その上で，数十年間でアマゾンの熱帯雨林の20％が失われたことを示し，地球規模の課題との関わりに気付かせることで，生徒は主体的に課題を追究することができます。このように，生徒がよく知らないことを逆手にとって，関心を高める工夫が大切です。

❷ 資料の分析や考察の視点を明確にする

　生徒に社会科で好きな分野を尋ねると，歴史が多く，地理や公民はあまり人気がないという結果がでることがあります。たしかに，ゲームやアニメを通して歴史に慣れ親しむ機会が多いので，仕方のないことかもしれません。地理的分野については，「何を勉強して良いかわからない」や「グラフや表を読み取るのが苦手」という声も多く聞かれます。

　そこで，地理嫌いの生徒を減らし，地理的分野でアクティブ・ラーニング（主体的・対話的で深い学び）を実現するために，資料を活用した学習で発問を工夫するようにしましょう。例えば，写真資料を活用して熱帯の気候について学習する場合は，単に「写真からどのようなことがわかりますか」と問いかけても，どの部分に注目すれば良いかわからない生徒が出てきます。そこで「写真の地域の気候や生活の特徴に関してわかることを，服装や植物，建物から読み取りましょう」と具体的な視点を明示する方法を勧めます。また，「東京と広島を比較しましょう」と問いかけるのではなく，「東京と広島について，過密に着目しながら，共通する点と異なる点は何か考えよう」などと，考察の視点を発問に組み込むのも良いでしょう。

　こうした工夫によって，生徒は資料から地理的特色を的確に読み取ることができます。また，論点がずれないため，対話も行いやすくなります。主体的・対話的で深い学びにつながります。

第 3 章

「世界の様々な地域」の授業展開 & ワークシート

世界各地の人々の生活と環境　28

アジア州　34

ヨーロッパ州　40

アフリカ州　46

北アメリカ州　50

南アメリカ州　56

オセアニア州　60

世界の様々な地域

③ 世界各地の人々の生活と環境

▶単元構想

単元の目標

○人々の生活や変容と自然及び社会的条件が相互に影響を与え合うことや、世界の人々の生活や環境の多様性について、諸資料を活用しながら理解する。
○人々の生活の特色や変容の理由について多面的・多角的に考察し、生活と自然及び社会的条件の相互の関係について判断し、その過程や結果を適切に表現する。
○世界各地における人々の生活やその変容について関心を高め、場所や人間と自然環境との相互依存関係について意欲的に追究する。

単元を貫く学習課題
各地の伝統的な衣食住は何の影響を受けているのか

各時間の目標

1	地域による生活のちがいについて関心を高めよう
2	熱帯の自然環境と生活の変化について考えよう
3	乾燥帯の自然環境と生活の変化について資料から読み取ろう
4	温帯の3つの気候を比べよう
5	冷帯・寒帯の自然環境と生活の工夫について理解しよう
6	高地の気候と生活を平地と比べよう
7	民族と言語の分布について地図から読み取ろう
8	宗教が生活にどのような影響を与えるか理解しよう

評価規準

知識・技能	思考・判断・表現	主体的に学習に取り組む態度
ア 資料から乾燥帯の自然環境と生活の変化を読み取ることができる。 イ 自然環境に応じた衣食住の工夫について理解することができる。 ウ 資料から言語の分布を読み取ることができる。	ア 熱帯の自然環境と生活の変化の関係性について考察している。 イ 温帯の気候を比較して共通点と相違点について考察している。 ウ 高地と平地の相違点を比較している。	ア 地域による生活の違いについて関心を高め、その理由を意欲的に予測しようとしている。 イ 宗教が生活と深く関わることを意欲的に調べようとしている。

▶単元の指導計画

時	ねらい	学習活動	○教師の指導　■評価
		各地の伝統的な衣食住は何の影響を受けているのか	
1	【気候帯の分布】 地域による生活の違いについて関心を高め，その理由を意欲的に予測する。	地域による生活のちがいについて関心を高めよう（→ p.30） ・世界の人々の衣食住の生活の違いについて写真資料から読み取り，理由を考える。 ・気候帯の分布を資料から読み取る。	○自然と人間の相互依存関係に着目させる。 ■態ア
2	【熱帯】 熱帯の自然と生活の関係性を考える。	熱帯の自然環境と生活の変化について考えよう ・熱帯の気候や生活の特色を理解する。 ・伝統的な生活の変容について考える。	○生活面に着目させる。 ■思ア
3	【乾燥帯】 資料から乾燥帯の自然環境と生活の変化を読み取る。	乾燥帯の自然環境と生活の変化について資料から読み取ろう（→ p.32） ・乾燥帯の特色を雨温図から読み取る。 ・伝統的な生活と自然的条件との関係性について考える。	○生活と自然的条件の関連性を考えさせる。 ■知ア
4	【温帯】 温帯の気候を比較して共通点と相違点について考える。	温帯の3つの気候を比べよう ・温帯の3つの気候や生活について，最初は写真で，続けて雨温図で比較する。	○南半球も取り上げる。 ■思イ
5	【冷帯・寒帯】 自然環境に応じた衣食住の工夫について理解する。	冷帯・寒帯の自然環境と生活の工夫について理解しよう ・冷帯や寒帯の特色を理解し，イヌイットの衣食住に関する資料から，生活の工夫について考える。	○北海道が冷帯に含まれることを取り上げる。 ■知イ
6	【高地の気候】 高地と平地の相違点を比較する。	高地の気候と生活を平地と比べよう ・同緯度にあるラパスとブラジリアを比べ，高山気候の特色について考える。	○雨温図を活用する。 ■思ウ
7	【民族と言語】 資料から言語の分布について読み取る。	民族と言語の分布について地図から読み取ろう ・世界の共通語と公用語を表した主題図から，言語の分布について読み取る。 ・文化や言語の多様性について理解する。	○日本における民族・言語の多様性に言及する。 ■知ウ
8	【民族と宗教】 宗教が生活と深く関わることを意欲的に調べる。	宗教が生活にどのような影響を与えるか理解しよう ・気候以外に生活に大きな影響を与えることを，ブレーンストーミングで書き出す。 ・宗教の分布と言語の分布の主題図を比較し，関連性について考える。	○宗教への固定観念を持たせず，多様性を尊重するように配慮する。 ■態イ

第1時 本時の目標 地域による生活のちがいについて関心を高めよう

1 導入　写真から地域による生活の違いに気付く

　5つの気候帯の写真（植生がわかるものや住居，食事などが書かれたもの）を用意して「**次の写真は，どのような地域のものか**」を尋ね，付箋に気付いたことを次々と書いて貼らせる（フォト・ランゲージの手法）。写真と付箋は実物投影機等で全体交流する。なお，ペアごとに5つの気候帯の写真からどれか1枚を配付すると，意見が活発に出る。

　つづけて，単元を貫く学習課題に対する予測を別紙のワークシート（単元全体の計画と予測・まとめを1枚に示したワークシート）か，ノートに記入させる。生徒の予測の中から「気候」を取り上げ，展開に移る。

2 展開　5つの気候帯とその分布について調べる

　「**世界にはどのような気候帯があるか**」と問い，教科書や地図帳の分布図を使って気候帯を確認する（ワークシートの❸）。つづけて「**地図を見ると，気候帯の分布にはどのような特色があるか**」と問い，同緯度だと気候がほぼ同じになることを理解させる（ワークシートの❹）。さらに，同じ大陸でも気候帯が変化することや，世界では乾燥帯の面積の割合が最も大きく，日本の大部分を占める温帯の割合が最も小さいことをクイズで確認する（ワークシートの❺）。

> **見方・考え方を働かせるポイント ▶▶▶**
> 　導入では写真を活用し，自然的な条件と服装や食事などの生活の関わりを自然と意識できるようにする。また，展開では分布図から同じ気候帯の共通点を探るという，位置や空間的な広がりの視点に着目した考察の方法で見方・考え方を働かせる。

3 まとめ　生活の地域差への関心を高めて気候帯の分布を理解する

　導入で扱った写真を再度取り上げ，それぞれの写真が5つの気候帯に1つずつ対応していたことを伝える。ワークシートの❻を記入させ，本時の学習内容を確認して次時への学習につなげる。

ワークシートの解答例

❶・❷　略
❸　熱帯　乾燥帯　温帯　冷帯　寒帯　（順不同）
❹　緯度
❺　(1)ア　〈補足〉イはアフリカの乾燥帯，ウはアフリカの温帯の割合　　(2)ウ
❻　①気候　②植生　③気候帯　④乾燥

本時のワークシート

気候帯の分布

今日の目標 ▶ 地域による生活のちがいについて関心を高めよう

❶ 次の写真は，どのような地域のものか。

❷ 単元を貫く学習課題に対する予測を立てよう。

── 単元を貫く学習課題 ──
各地の伝統的な衣食住は何の影響を受けているのか

❸ 5つの気候帯…気候帯は<u>植生</u>の広がりによって分類する。
（　　　）帯　（　　　）帯　（　　　　）帯
（　　　）帯　（　　　）帯　※5つの気候帯とは別に高山がある

❹ 地図を見ると，気候帯の分布にはどのような特色があるだろうか。

（　　　　）の違いによって気候帯の分布が変化している。

❺ オーストラリア大陸の場合
(1)アフリカ大陸の熱帯の割合は？　　　　　　　　答え（　　　　　）
　ア　38.6％　　イ　46.7％　　ウ　14.7％
(2)世界で最も面積の占める割合が小さい気候帯は？　　答え（　　　　　）
　ア　熱帯　　イ　乾燥帯　　ウ　温帯　　エ　冷帯　　オ　寒帯

❻【まとめ】

　世界の各地では様々な衣食住のちがいが見られる。その理由の1つとして（①　　　　）が異なることが考えられる。世界は（②　　　　）の広がりによって5つの（③　　　　）に区分される。例えば，アフリカは（④　　　　）帯の割合が最も高い。

第3時 乾燥帯の自然環境と生活の変化について資料から読み取ろう

本時の目標

1 導入　乾燥帯では植物が少ないことに気付く

　乾燥帯の2枚の写真（砂漠の写真と草原にあるゲルの写真）を同時に示して「2つの写真に共通することは？」と問う。「暑そう」「植物が少ない」などの意見を元に，どちらも乾燥帯の写真であることを伝える。

2 展開　リヤドの雨温図を作成して乾燥帯の特色を読み取る

　「乾燥帯の特色について，実際にグラフを作って調べよう」と指示し，リヤドの雨温図を作成する（ワークシートの❷(1)）。表の数値をグラフ化することで，生徒は降水量が極端に少ないことを実感できる。グラフの完成後，乾燥帯の特色を読み取って記述させる（ワークシートの❷(2)）。また，乾燥帯は砂漠気候とステップ気候に分かれることも確認する。

　次に，乾燥帯の生活の例として，モンゴルでの遊牧について学習する。遊牧の内容について説明し，写真等で遊牧の様子を確認してから「なぜ遊牧の必要があるのか」と問い，植物の少なさと遊牧を関連付けて考えさせる（ワークシートの❸）。

> **見方・考え方を働かせるポイント ▶▶▶**
> 　本時では，生徒が自ら雨温図を作成することで，降水量が少ないという乾燥帯の特色についてスムーズに思考をつなげることができる。また，資料の作成を技能面の学習に留めず，乾燥帯の傾向性という視点から考えることができるように，学習展開の工夫を図る。

3 まとめ　伝統的な遊牧の変化を写真から読み取る

　乾燥帯では，砂漠気候もステップ気候も気温が高い一方で降水量が少なく，植物が少ないという特色を振り返る。その自然環境の影響によって，ステップ気候では遊牧が行われていることも確認する。さらに，発展的な内容として，導入で用いたステップ気候のゲルの写真を再度示して，太陽光発電やトラックの使用など，遊牧の形が変化していることを理解させる。

ワークシートの解答例

❶　略

❷　(1)略　〈補足〉降水量が極めて少なく，棒グラフの作成が難しい。しかし，他の気候と同じ目盛にすることで比較しやすくなるため，ワークシートのようなグラフを用意する。
　　(2)（例）気温は熱帯のように高いが，降水量が一年間を通して非常に少ない。

❸　（例）乾燥帯で植物が少なく，草や水を求めて別の地域へ移動する必要があるから。

❹　略

本時のワークシート

単元を貫く学習課題　各地の伝統的な衣食住は何の影響を受けているのか

乾燥帯

今日の目標 ▶ 乾燥帯の自然環境と生活の変化について資料から読み取ろう

❶ 乾燥帯の2枚の写真に共通することを考えよう。

❷ リヤドの雨温図を作成して乾燥帯の特色を読み取ろう。

月	1	2	3	4	5	6	7	8	9	10	11	12		
平均気温（℃）	15	17	21	27	33	35	37	37	33	28	21	16	年間平均	26.6℃
降水量（mm）	14	18	28	34	11	0	0	0.8	0	1.9	13	19	年間合計	139.7mm

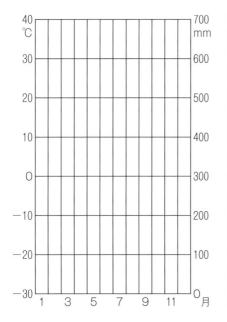

(1) 上の表は、サウジアラビアの首都リヤドの気温と降水量に関する表である。表を参考に、左のグラフを完成させなさい。気温は折れ線グラフ、降水量は棒グラフにすること。

(2) リヤドは乾燥帯に位置する。完成したグラフから、乾燥帯の特色を読み取って下に記入しなさい。

❸ モンゴルでは、なぜ遊牧をする必要があるのか。自然環境に注目して考えなさい。

❹ 伝統的な遊牧の変化を写真から読み取ろう。

世界の様々な地域

4 アジア州

▶単元構想

単元の目標
○アジア州の地域的特色に関する地図や統計資料などの様々な資料を活用しながら，アジア州の多様性や経済発展という主題を基に特色を理解し，その知識を身に付ける。
○アジア州の地域的特色について多面的・多角的に考察し，その過程や結果を適切に表現するとともに，今後予想されるアジア州の変化について学習内容を基に判断する。
○アジア州に対する関心を高め，アジア州の地域的な特色を意欲的に追究する。

単元を貫く学習課題
この20年間で，アジアが注目されるようになった理由を考えよう

各時間の目標

1	アジアへの関心が変化した理由を予測しよう
2	地図から中国の民族や農業の多様性を読み取り，表にまとめよう
3	中国の経済発展の理由と課題について考えよう
4	ソウルについて，都市化によって生じた問題を理解しよう
5	経済成長による東南アジアの変化について，グラフから読み取ろう
6	インドでICT産業が発展する理由を他国と比べながら考えよう
7	ドバイに富裕層が多く集まる理由を，石油産業と関連して考えよう
8	今後のアジアの変化について，学習したことを基に予測しよう

評価規準

知識・技能	思考・判断・表現	主体的に学習に取り組む態度
ア　中国の民族や農業の多様性を地図から読み取り，まとめることができる。	ア　中国の経済発展の理由と課題について，考察している。	ア　日本でアジアの国々への関心が変化している背景を予測し，意欲を高め主体的にアジア州について学習しようとしている。
イ　ソウルについて，都市化によって生じた問題を理解することができる。	イ　インドでICT産業が発展する理由を，中国と比較しながら考察している。	イ　学習した内容を基に，今後のアジア州の変化について，意欲的に予測しようとしている。
ウ　経済成長による東南アジアの変化をグラフから読み取ることができる。	ウ　西アジアの経済発展の背景について考察している。	

▶単元の指導計画

時	ねらい	学習活動	○教師の指導　■評価

この20年間で，アジアが注目されるようになった理由を考えよう

時	ねらい	学習活動	○教師の指導　■評価
1	【アジアの概要】 アジアへの関心に注目し，追究への意欲を高める。	アジアへの関心が変化した理由を予測しよう（→p.36） ・各国の新聞記事の本数の推移を読み取る。 ・アジアの国々への関心が高まっている理由を推測する。	○新聞を使ってアジアへの関心を高めさせる。 ■態ア
2	【中国の多様性】 中国の民族や農業の多様性を地図から読み取り，まとめる。	地図から中国の民族や農業の多様性を読み取り，表にまとめよう ・中国の各地の気候とさかんな農業の分布を的確に読み取り，地域別に表にする。 ・多民族国家であることを理解する。	○複数の地図から必要な情報を読み取らせる。 ■知ア
3	【中国の経済発展】 中国の経済発展の理由と課題について，考察する。	中国の経済発展の理由と課題について考えよう ・中国の環境問題の悪化について，新聞記事の本数の増加から理解する。 ・環境問題と経済発展の関連性を考える。	○社会的事象の因果関係について考えさせる。 ■思ア
4	【韓国と北朝鮮】 ソウルについて，都市化によって生じた問題を理解する。	ソウルについて，都市化によって生じた問題を理解しよう ・特定の場所に人口が集中するという空間的な視点から，都市化の利点と課題について考える。	○特定の場所に人が集まる理由を考えさせる。 ■知イ
5	【東南アジア】 経済成長による東南アジアの変化をグラフから読み取る。	経済成長による東南アジアの変化について，グラフから読み取ろう ・東南アジア各国の主な輸出・輸入品や輸出額の変化や共通する特色を読み取る。 ・生活の変化について写真から読み取る。	○時代による変化や共通点に気付かせる。 ■知ウ
6	【南アジア】 インドの経済発展の理由を，中国と比較しながら考察する。	インドでICT産業が発展する理由を他国と比べながら考えよう（→p.38） ・中国や日本と比較する。 ・欧米との関係などからICT産業が発展する理由を考察する。	○インドの労働力の特色に着目させる。 ■思イ
7	【西アジア】 西アジアの経済発展の背景について考察する。	ドバイに富裕層が多く集まる理由を，石油産業と関連して考えよう ・石油産業について資料から調べる。 ・石油の重要性と輸出による経済成長について考える。	○資源の偏在と希少性の視点から考察させる。 ■思ウ
8	【単元のまとめ】 学習内容を基に，今後のアジア州について予測する。	今後のアジアの変化について，学習したことを基に予測しよう ・単元の学習内容を基に，アジア州の特色を経済発展と多様性からまとめる。 ・今後のアジア州の変化を予測させる。	○地域的特色の今後の変化に関心をもたせる。 ■態イ

第1時 アジアへの関心が変化した理由を予測しよう

本時の目標

1 導入　クイズ形式でアジア州の概要を確認する

「世界の6つの州の中で日本が含まれるのは？」という発問からアジア州の学習に入り、概要を確認する。クイズ形式で、アジア州は面積や人口などが上位であることや、気候は乾燥アジアと湿潤アジアに分かれ、湿潤アジアではモンスーンの影響を受けることを学習する。

2 展開　新聞記事の本数の推移を読み取り、理由を推測する

アジア各国とアジアを除く5つの州の主な国について、新聞記事の本数の推移を示した表の読み取りを行う。**「新聞記事に登場する国の数はどのように変化しているか」**と問い、生徒に分析をさせる。生徒からは下のワークシート解答例のような意見が予想される。表の読み取りが難しそうであれば、グラフに変えても良い。

つづけて、アジア州の国について記事の数が変化した理由を推測させる。小グループやペアで話し合わせると「中国やベトナムの記事が増えたのは、経済が発展したから」「中国の記事が増えたのは、PM2.5の問題ではないか」「韓国や北朝鮮の記事が多い年に、ニュースになるような出来事があった」などの意見が出される。

> **見方・考え方を働かせるポイント ▶▶▶**
> 記事の本数の変化という推移の視点（歴史的な見方）に着目させつつ、アジア州の変化という地域の変容の視点から予測をさせることで、見方・考え方を働かせる。さらに、予測の際には既習事項の領土問題などと関連付けを図ることで、深い学びにつながるようにする。

3 まとめ　単元を貫く学習課題について、現時点の答えを記入する

新聞は、社会的に関心のある出来事を記事にする。そのため、記事の本数の推移から、この20年間で、アジアの国々への注目が増していることがわかる。本時のまとめの後に、単元を貫く学習課題への現時点での答えをノートや別のワークシートに記入する時間を設けることで、今後の学習へ見通しをもたせるとともに、課題追究への意欲を高めさせる。

ワークシートの解答例

❶ アジア州は面積・人口が1位、人口密度が2位、国の数は2位である。
　〈補足〉国連加盟国はアフリカと同数で1位。

❷ （例）「アメリカやヨーロッパは記事が減少する一方、アジアは増加している」
　　　　「アジアの中国やベトナムの記事の数が増加している」
　　　　「韓国や北朝鮮は急増する年がある」

本時のワークシート

アジアの概要

今日の目標 ▶ アジアへの関心が変化した理由を予測しよう

❶ アジア州クイズ！（特色の確認）…面積・人口・国の数・人口密度／気候

❷ 新聞記事に登場する国名の数の変化

地域	国名	1997-2001年	2002-2006年	2007-2011年	2012-2016年
東アジア	中国	25,028	29,868	30,020	32,559
	韓国	17,855	20,425	16,900	16,495
	北朝鮮	6,513	13,546	7,033	5,571
東南アジア	ベトナム	1,858	2,149	2,209	2,651
中央アジア	アゼルバイジャン	126	157	193	231
南アジア	インド	3,599	3,316	3,796	2,649
西アジア	アラブ首長国連邦	368	655	681	683
ヨーロッパ	フランス	13,781	12,617	10,947	11,059
アフリカ	エチオピア	413	354	371	335
北アメリカ	アメリカ	42,402	41,269	40,240	36,740
南アメリカ	ブラジル	3,817	4,250	3,374	3,888
オセアニア	オーストラリア	6,707	6,139	5,851	5,556

（「どうしんWeb」の検索結果を元に作成。検索条件は「見出し」「本文」「キーワード」「分類語」のいずれかで完全一致すること。また，同義語も自動で検索する設定とした。）

上の表を見ると，1997年から2016年までの20年間で，新聞記事に登場する国の数は，どのように変化しているか。

❸ 単元を貫く学習課題への予測を記入しよう。

第6時 インドでICT産業が発展する理由を他国と比べながら考えよう

本時の目標

1 導入　スマートフォンの生産がインドで始まったことに関心を高める

アップル社のiPhoneの実物（または写真）を見せた上で「iPhoneはどこの国で組み立てられているだろうか」と問い、語群の中から選択させる（ワークシートの❶）。中国を中心としていたが、2017年からインドのバンガロールでの生産が始まっていることを説明する。その際に、新聞記事を用意してもよい。

2 展開　インドでICT産業がさかんな理由について考える

地図帳などを使い、インドを中心とした南アジアでICT関連のソフトフェアの工場が多いことを確認する。その際に、実際にインドにあるICT企業の外観の写真などを見せることで、インドには日本でも見られないような企業が進出していることを実感できる。その上で「なぜインドでICT産業がさかんなのか、労働力となる人々に注目して考えよう」と問い、理由を考えさせる（ワークシートの❷）。その際、インドの賃金の安さや英語圏の企業との連携のしやすさ、教育への熱心さなどについて、統計資料を活用して日本と中国と比較させながら考える。また、時差の関係で欧米が夜の間にインドでは生産や作業が進み、効率が良いことを説明する。

> **見方・考え方を働かせるポイント ▶▶▶**
> なぜインドにICT関連の企業が集まっているのかという地理的な位置や分布の視点をもたせる。
> さらに、それらの視点について日本や中国と比較して、インドに欧米のICT関連の企業が進出しやすい条件について考えることで、地理的な「見方・考え方」を働かせる。

3 まとめ　南アジアの伝統的な産業について調べる

インドでICT産業がさかんな理由について、考えた内容を全体で交流する。さらに、「ICT産業以外には、どのような産業がさかんだろうか」と問い、地図帳などを活用して稲作や小麦、綿花の栽培などの農業や繊維産業がさかんなことを調べさせる（ワークシートの❸）。

ワークシートの解答例

❶ 中国、インド　〈補足〉米中の貿易摩擦により、米国内に工場を建てる可能性も指摘されている。

❷ （例）インドは、中国や日本に比べて賃金が安い上に、英語圏で教育に力を入れているため、欧米のICT関連の企業が進出しやすいから。

❸ ①綿花　②ジュート　③インダス　④ガンジス

〈補足〉ジュートの生産量が世界1位なのはバングラデシュで、綿花・米・小麦の1位は中国である。

本時のワークシート

単元を貫く学習課題　この20年間で，アジアが注目されるようになった理由を考えよう

南アジア

今日の目標 ▶ インドで ICT 産業が発展する理由を他国と比べながら考えよう

❶ 語群から，アップル社の iPhone が作られている工場（組立工場）がある国をすべて選びなさい。

　　答え（　　　　　　　　　　　　　　）
　　語群｛　日本　　ドイツ　　アメリカ　　中国　　インド　｝

❷ インドで ICT 産業がさかんな理由について，労働力となる人々に注目して考えよう。

	インド	中国	日本
主な言語	公用語のヒンディー語 準公用語の英語	中国語（北京語）	日本語
製造業平均月収	約2万円	約8万円	約38万円
小学校6年間の総授業時間	約5700時間	約3500時間	約4000時間

（「主な言語」と「製造業平均月収」は『データブック国際労働比較2017』（独立行政法人労働政策研究・研修機構　発行）より作成。なお，1ルピー＝1.5円，1元＝16.28円で換算している。「小学校6年間の総授業時間」は文部科学省ホームページの「学校の授業時間に関する国際比較調査」（平成15年）から作成。）

上の表を参考にインドで ICT 産業がさかんな理由を説明しよう。

❸ 南アジアの産業について調べよう。
　(1)繊維産業…西部や南部で（①　　　　　），東部で（②　　　　　）の生産がさかんなことを生かす。
　　※どちらも生産量が世界2位
　(2)農業…西部の（③　　　　　）川流域の小麦…生産量世界2位
　　　　　東部の（④　　　　　）川流域の稲作…生産量世界2位

世界の様々な地域

5 ヨーロッパ州

▶単元構想

単元の目標

○ヨーロッパ州の地域的特色に関する地図や統計資料などの様々な資料を活用しながら，国家統合という主題を基に特色を理解し，その知識を身に付ける。
○ヨーロッパ州の地域的特色について多面的・多角的に考察し，その過程や結果を適切に表現するとともに，今後予想されるEUの変化について学習内容を基に判断する。
○EUによる国家統合に対する関心を高め，ヨーロッパ州の地域的な特色を意欲的に追究する。

単元を貫く学習課題
10年後，EUはどのようになるのか予測しよう

各時間の目標

1	ヨーロッパの自然環境や文化について調べよう
2	EUの拡大による利点と問題点について考えよう
3	ヨーロッパの農業の特色について地図に表現しよう
4	ヨーロッパの工業が拡大した理由について理解しよう
5	環境対策を通して持続可能な社会への関心を高めよう
6	ロシアとEUの関係について理解しよう
7	EUの将来について学習した内容を基に予測しよう

評価規準

知識・技能	思考・判断・表現	主体的に学習に取り組む態度
ア ヨーロッパの自然環境や文化の特色を資料から読み取ることができる。 イ ヨーロッパの工業における国家統合の影響について理解している。 ウ ロシアとヨーロッパの地域的な結び付きについて理解している。	ア EUの特色と関連させて利点と課題について考えている。 イ ヨーロッパの農業の特色について地図に表現している。	ア 環境対策を通して持続可能な社会への関心を高めて，環境問題の解決に向けて主体的に考えようとしている。 イ 学習した内容を基に，今後のEUのあり方について，意欲的に予測しようとしている。

▶単元の指導計画

時	ねらい	学習活動	○教師の指導 ■評価

10年後，EUはどのようになるのか予測しよう

時	ねらい	学習活動	○教師の指導 ■評価
1	【ヨーロッパの概要】ヨーロッパの自然環境や文化の特色を資料から読み取る。	ヨーロッパの自然環境や文化について調べよう ・日本にあるヨーロッパが由来の文化についてブレーンストーミングで考える。 ・日本とヨーロッパの国々の面積や気候を比較し，主な地形や宗教の分布を調べる。	○導入でヨーロッパを舞台にした映画を紹介する。 ■知ア
2	【ヨーロッパ連合】EUの特色と関連させて利点と課題について考える。	EUの拡大による利点と問題点について考えよう（→p.42） ・EUによる地域統合に関する資料をジグソー学習で調べ，調べた内容を共有する。 ・EUの成果と課題を明確にする。	○ジグソー学習で多面的な思考を促す。 ■思ア
3	【ヨーロッパの農業】ヨーロッパの農業の特色について地図に表現する。	ヨーロッパの農業の特色について地図に表現しよう ・ヨーロッパの白地図に主な農業や農作物の分布を表現する。 ・地形や気候と農業の関係について考える。	○自然が社会に与える影響を考えさせる。 ■思イ
4	【ヨーロッパの工業】ヨーロッパの工業における国家統合の影響について理解する。	ヨーロッパの工業が拡大した理由について理解しよう（→p.44） ・ヨーロッパの工業の拡大の経緯を調べる。 ・EUの拡大によって工業生産の効率が高まったことを理解する。	○日本とドイツの地理的な位置の比較を行う。 ■知イ
5	【ヨーロッパの環境問題】環境対策を通して持続可能な社会への関心を高める。	環境対策を通して持続可能な社会への関心を高めよう ・他地域よりも早い工業化が環境問題を引き起こしたという因果関係を理解する。 ・環境対策の先進的な取組について，生活に密接した内容を写真から読み取る。	○地球的課題について，身近な例から関心を高めさせる。 ■態ア
6	【ヨーロッパとロシア】ロシアとヨーロッパの地域的な結び付きについて理解する。	ロシアとEUの関係について理解しよう ・資源と文化，歴史の3つの視点からロシアとヨーロッパのつながりを調べる。 ・ロシアがEUに加盟する予定がない理由について考える。	○ロシアがヨーロッパ州とアジア州にまたがることを理解させる。 ■知ウ
7	【単元のまとめ】学習内容を基に，今後のEUのあり方について予測する。	EUの将来について学習した内容を基に予測しよう ・10年後のEUが拡大を続けるのかどうかについて，学習内容を基に根拠を明確にしながら予測を立てる。	○国家統合の一般的課題とEU特有の課題を分けて考えさせる。 ■態イ

第2時 本時の目標 EUの拡大による利点と問題点について考えよう

1 導入　ユーロの実物を提示して，どこの国の通貨か尋ねる

「これはどこの国のお金でしょうか」と発問して，実物のユーロを提示する。国名という，あえて答えにくい形で尋ねることがポイントである。そうすることで，ユーロが他の紙幣と異なり，複数の国で使われる共通の通貨であると理解し，EUへの関心を高めることができる。

2 展開　ジグソー学習でEUの特色を調べてから利点と問題点を考える

「EUの特色を調べよう」と発問し，6つの課題別にグループで調べ学習を行う。配布資料としては，①EU加盟国の推移（年表や地図），②世界の貿易に占めるEUの割合（グラフや表），③主要産品の関税率のEU域内と日本の比較（表），④加盟国間の移動に関する資料（国境の写真，外国人労働者数の表や地図），⑤EU加盟国の1人当たりの国民総所得（地図か表），⑥イギリスのEU離脱の新聞記事などを用意する。教科書や地図帳等の資料を用意しても良い。

つづけて，ジグソー学習を行う。①〜⑥の課題別グループから1人ずつが集まるように班（ジグソーグループ）を再構成した上で，調べた内容を交流してワークシートの❷を完成させる。

見方・考え方を働かせるポイント ▶▶▶

展開でジグソー学習を取り入れることで，EUに関する様々な知識を整理したり統合したりしながら，国家統合の利点と課題について多面的に考えることができるようにする。

3 まとめ　EU統合がもたらす成果と課題についてまとめる

「EUの拡大による利点と問題点について考えよう」と発問し，ワークシートの❸に記入させる。EU統合がもたらす成果と課題について，多面的に理解させるようにする。

ワークシートの解答例

❶　ユーロ　〈補足〉イギリスなどユーロを使用しない加盟国があることも説明する。

❷　①（例）加盟国が拡大してヨーロッパの多くの国がEUに加盟している。
　　②（例）EU全体なら世界の輸出額の約3分の1を占め，中国やアメリカの3倍以上になる。
　　③（例）EUの加盟国間は関税がかからない。〈補足〉域外との貿易は一律の関税となる。
　　④（例）EU加盟国間は出入国審査がない。ドイツやフランスに多くの移民が集まる。
　　⑤（例）西ヨーロッパと東ヨーロッパだと1人当たりの国民総所得は6倍ほど差がある。
　　⑥（例）東ヨーロッパが発端の経済危機や移民の増加への不満から離脱を表明している。

❸　利点（例）自由な経済活動によって中国やアメリカに対抗し，世界的な影響力が高まる。
　　問題点（例）経済格差や特定の国への移民の増加による不満や危機感がある。

本時のワークシート

単元を貫く学習課題 ▶ 10年後，EUはどのようになるのか予測しよう

ヨーロッパ連合

今日の目標 ▶ EUの拡大による利点と問題点について考えよう

❶ EUの共通通貨を（　　　　　）という。

❷ EUの特色についてグループごとに調べよう。

①EU加盟国の変化	②貿易におけるEUの割合
③関税率からわかること	④EU加盟国間の移動
⑤EU加盟国間の経済状況	⑥イギリスのEU離脱

❸ EUの拡大による利点と問題点

利点	問題点

第4時 ヨーロッパの工業が拡大した理由について理解しよう

本時の目標

1 導入　ヨーロッパの工業の歴史を調べる

　教科書などを参考にして，ワークシートの❶を解き，基本的な語句を確認する。ドイツを中心に取り上げながら，工業生産での連携やパイプラインの使用など，ヨーロッパ全体で近隣諸国との結び付きが強いことを理解させる。

2 展開　ヨーロッパ全体へ工業が拡大した理由を考える

　ヨーロッパの工業の拡大の経緯を調べる。その際の発問の例として「**日本とドイツは，どちらも工業がさかんな国で，１国だけでも大きな経済力をもちます。それでは，なぜドイツはEUの拡大の中心となったのでしょうか**」などの表現が考えられる。ドイツと日本はどちらも工業大国で，面積や人口の規模が比較的近い。しかし，国家統合の中心となったドイツと，アメリカやアジアとの貿易によって成長した日本には大きな違いがある。その違いに着目させてヨーロッパの工業について考えることで，生徒はEUの工業の特色を深く理解できる。

　具体的には，教科書や地図帳を活用して，資源や製品の輸送，外国人労働者の受け入れ，日本とドイツの地理的な違いの３点から，EUの工業の拡大について考察させる（ワークシートの❷(1)～(3)）。ペアや小グループで(1)～(3)を分担し，話し合いをさせると良い。

> **見方・考え方を働かせるポイント ▶▶▶**
> 　本時は知識の習得が目標だが，講義型の授業にならないように配慮する必要がある。EUの工業拡大について，輸送の面，歴史，日本との比較など，複数の視点を明示して生徒の思考を促す。そうすることで，生徒は「だからヨーロッパでEUが拡大したのか」と納得できる。

3 まとめ　EUの工業の発展について得た知識をまとめる

　ワークシートの❸を記入，または例文を示して空欄補充させる。それによって，資源や歴史，地理的な環境などの要因から，工業の面でEUが拡大する素地があったことを理解させる。

ワークシートの解答例

❶　①ルール　　②ライン川　　③ユーロポート　　④航空機

❷　(1)（例）ドイツなどの製品をオランダのユーロポートから運ぶため，他国と協力が必要である。
　　(2)（例）外国人労働者は安い賃金で働くから。急速な工業化による人手不足を解消するため。
　　(3)（例）島国の日本と違い，ドイツは他の国と陸続きで，人の移動や製品の輸送がしやすい。

❸　（例）ヨーロッパでは人や物の移動が簡単にできることを生かしながら工業が発展した。EUの拡大によって人や物の移動がさらに活発になり，分業による生産も行われている。

本時のワークシート

単元を貫く学習課題　10年後，EU はどのようになるのか予測しよう

ヨーロッパの工業

今日の目標 ▶ ヨーロッパの工業が拡大した理由について理解しよう

❶ ヨーロッパの工業の昔と今
(1) ドイツの（①　　　　　）地方…近代以降，石炭と（②　　　　　　　）の水運を利用して鉄鋼業が発展
(2) 現在は，製品が輸出しやすいロッテルダムなど沿岸部に工業の中心地が移る
　…EU 最大の貿易港である（③　　　　　　　　　）
(3)（④　　　　　　　　）での各国の分業…部品ごとに専門的な技術が必要

❷ ドイツを中心にヨーロッパ全体へ工業が拡大した理由

(1) 資源や製品の輸送に関する理由

(2) ドイツが外国人労働者を受け入れた理由

(3) 日本とドイツの地理的な位置の違い

❸ ヨーロッパの工業が拡大した理由について「人や物の移動」という語句を用いてまとめよう。

世界の様々な地域

6 アフリカ州

▶単元構想

単元の目標
○アフリカ州の地域的特色に関する地図や写真,グラフなどの様々な資料を活用しながら,アフリカの生活と変化という主題を基に特色を理解し,その知識を身に付ける。
○アフリカ州の地域的特色について多面的・多角的に考察し,その過程や結果を適切に表現するとともに,予想されるアフリカ州の変化について学習内容を基に判断する。
○アフリカ州に対する関心を高め,地域的特色及び食料問題や環境問題など地球的な課題を意欲的に追究する。

単元を貫く学習課題
なぜアフリカは「地球最後のフロンティア」なのか

各時間の目標

1	写真と新聞記事からアフリカについての関心を高めよう
2	アフリカの歴史を調べて変化の様子を理解しよう
3	アフリカの産業について資料から読み取ろう
4	アフリカの人々の生活の変化について考えよう
5	アフリカが最後のフロンティアとして発展する条件について考えよう

評価規準

知識・技能	思考・判断・表現	主体的に学習に取り組む態度
ア アフリカの歴史と生活の変化について理解している。 イ アフリカの産業の特色と経済の課題について資料を活用しながら理解している。	ア アフリカの都市と農村の生活の違いについて比較しながら,生活の変化について考察している。 イ 学習内容を基に,アフリカが経済発展を続けるために必要な条件を考察している。	ア アフリカの自然環境や経済発展についての関心を高め,主体的にアフリカ州について学習しようとしている。

▶単元の指導計画

時	ねらい	学習活動	○教師の指導 ■評価

なぜアフリカは「地球最後のフロンティア」なのか

時	ねらい	学習活動	○教師の指導 ■評価
1	【アフリカの概要】アフリカの自然環境や経済発展についての関心を高める。	写真と新聞記事からアフリカについての関心を高めよう ・写真から，サハラ砂漠やコンゴ盆地などのアフリカの自然環境を理解する。 ・新聞記事からアフリカが「最後のフロンティア」と呼ばれる理由を理解する。	○新聞や写真資料を提示し，アフリカに対する生徒のイメージを膨らませる。 ■態ア
2	【アフリカの歴史と課題】アフリカの歴史と生活の変化について理解する。	アフリカの歴史を調べて変化の様子を理解しよう ・ヨーロッパの植民地にされた影響について，国境線や産業の発展の停滞などの側面から理解する。 ・紛争や難民の発生など，地球的な課題について理解する。	○紛争に関わって，国境なき医師団などNGOの活動にも言及する。 ■知ア
3	【アフリカの産業】アフリカの産業の特色と経済の課題について資料を活用しながら理解する。	アフリカの産業について資料から読み取ろう（→p.48） ・タコや白身魚，コーヒーなどから日本とアフリカの結び付きに関心を高める。 ・モノカルチャー経済の問題点について，資料を基に考える。	○情報化社会の進展の中でレアメタルの需要が高まっていることを理解させる。 ■知イ
4	【アフリカの生活・文化】アフリカの都市と農村の生活の違いについて比較しながら，生活の変化について考察する。	アフリカの人々の生活の変化について考えよう ・植民地時代の黒人の生活やアパルトヘイトについて理解する。 ・人口爆発による食料や住居に関する課題や，経済発展に伴う農村から都市への人口の流出による課題について考える。	○アフリカの都市の高層ビル街とスラムの写真を別々に見せ，同じ都市であることから課題を考えさせる。 ■思ア
5	【単元のまとめ】学習内容を基に，アフリカが経済発展を続けるために必要な条件を考える。	アフリカが最後のフロンティアとして発展する条件について考えよう ・学習内容を基に，アフリカが経済発展をするために必要な条件と，発生が予想される課題について考える。 ・考えた内容を発表する。	○学習課題に取り組む際に，諸外国の支援の視点からも考えさせる。 ■思イ

第3章 「世界の様々な地域」の授業展開＆ワークシート

第3時 【本時の目標】アフリカの産業について資料から読み取ろう

1 導入　日本との結び付きから関心を高める

　ワークシートのような写真を提示し，「この中で，アフリカと関わりが深いものは何か」と問い，選ばせる。ワークシートの写真は見づらいが，その方が生徒の関心を引く効果がある。ただし，時間がかかりすぎる場合は，ヒントを出して良い。答えを発表すると，生徒は日本とアフリカの意外な結び付きを理解し，アフリカの産業への関心を高める。

2 展開　モノカルチャー経済の問題点について考える

　アフリカ各国の主な輸出品や鉱産資源の生産割合のグラフ（教科書や地図帳に掲載のものを活用）から，アフリカにはモノカルチャー経済の国が多いことを確認する。その上で，「**モノカルチャー経済にはどのような問題があるか**」と問い，モノカルチャー経済の問題点をワークシートの❷に記入させる。

　つづけて，携帯電話とゴリラの関係性について考えさせる（ワークシートの❸）。それによって，グローバル化の影響や，経済発展と環境問題の関係性を理解する。

見方・考え方を働かせるポイント ▶▶▶

　関係性がわかりづらい資料を提示することで，資料の中から社会的な事象に関する内容を見出し，別の事柄と関連付ける力を養うことができる。食べ物であれば貿易から日本との関係性，ゴリラであれば絶滅の危険性からスマートフォンとの関係性などを想起できるようにする。

3 まとめ　学習内容を振り返り，グローバル化の影響を確認する

　モノカルチャー経済の課題など，本時の学習内容を振り返る。その際，情報化やグローバル化の進展がアフリカの産業に大きな影響を与えていることも確認する。そして，このような結び付きが，先進国からアフリカが注目される一因であることを生徒に理解させる。

ワークシートの解答例

❶　バラ・白身魚・タコ・コーヒー

　〈補足〉バラはケニア，コーヒーはエチオピアからの輸入品。魚はビクトリア湖のナイルパーチ。タコはモロッコやモーリタニアからの輸入が多いが，写真のものは国産のタコである。

❷　（例）特定の資源や農作物の輸出に頼るため，資源の枯渇や農作物の不作，国際価格の変動などによって国の経済全体が打撃を受けるおそれがある。

❸　（例）スマートフォンに使われるレアメタル（タンタルやコバルト）の採掘のためにジャングルが減少し，採掘の妨げとなるゴリラが殺されている。

本時のワークシート

単元を貫く学習課題 ▶ なぜアフリカは「地球最後のフロンティア」なのか

アフリカの産業

今日の目標 ▶ アフリカの産業について資料から読み取ろう

❶ 右の写真の中から，アフリカと関係の深いものを選びなさい。

❷ コンゴ民主共和国は，輸出品の90％以上が鉱産資源（コバルト・ダイヤモンド・金）である（モノカルチャー経済）。どのような問題があるか。

❸ 右の2つには，どのような関係性があるか。〈ヒント〉自然保護

世界の様々な地域

7 北アメリカ州

▶単元構想

単元の目標
○北アメリカ州に関する様々な資料を活用しながら、アメリカが産業や文化で世界に与える影響を主題として、北アメリカ州の地域的特色を理解し、その知識を身に付ける。
○北アメリカ州の地域的特色について多面的・多角的に考察し、その過程や結果を適切に表現するとともに、アメリカが世界に与える影響について学習内容を基に判断する。
○北アメリカ州に対する関心を高め、地域的特色及びグローバル化の影響など地球的な課題を意欲的に追究する。

――― 単元を貫く学習課題 ―――
なぜアメリカは世界中に影響を与えることができるのか

各時間の目標
1	北アメリカの自然や暮らす人々の特色を理解しよう
2	アメリカの農業の特色を地図に表現しよう
3	アメリカでどのような工業がさかんか説明しよう
4	アメリカの文化の背景について理解しよう
5	アメリカが世界に与える影響について関心を高めよう

評価規準

知識・技能	思考・判断・表現	主体的に学習に取り組む態度
ア 北アメリカの自然や人々の特色について理解している。 イ 北アメリカの多文化主義について、歴史的経緯や地域的特色性から理解している。	ア アメリカの農業の特色を自然環境や経済の発展と関連付けて理解し、農業の分布を地図に表現することができる。 イ アメリカの工業の特色について、都市の分布や交通網と関連付けながら考えることができる。	ア アメリカが世界に与える影響について、学習した内容を基に意欲的に考え、北アメリカへの関心を高めている。

▶単元の指導計画

時	ねらい	学習活動	○教師の指導　■評価
	なぜアメリカは世界中に影響を与えることができるのか		
1	【北アメリカの概要】 北アメリカの自然や人々の特色について理解する。	北アメリカの自然や暮らす人々の特色を理解しよう（→ p.52） ・アメリカには様々な人種や民族の人が集まっていることを理解する。 ・アメリカには日本で広く知られる企業や文化があることを理解する。 ・単元を貫く学習課題への予想を立てる。	○ブレーンストーミングとKJ法で，アメリカに関する既知の事柄を分類させる。 ■知ア
2	【アメリカ合衆国の農業】 アメリカの農業の特色を理解し，農業の分布を地図に表現する。	アメリカの農業の特色を地図に表現しよう ・アメリカの農業の特色を自然環境や経済発展と関連付けて理解する。 ・適地適作について理解し，農業地域の分布を白地図に表現する。	○農業の分布を地図に表現させる際に，主な地形や気候との関連を意識させる。 ■思ア
3	【アメリカ合衆国の工業】 アメリカの工業の特色について，都市の分布や交通網と関連付けながら考える。	アメリカでどのような工業がさかんか説明しよう ・アメリカの工業の特色を，都市の分布や交通網の整備などと関連付けて考える。 ・世界有数の経済大国として成長した理由を考える。	○第1時で生徒から出た企業や製品を活用して説明をする。 ■思ア
4	【多文化主義】 北アメリカの多文化主義について，歴史的経緯や地域的特色性から理解する。	アメリカの文化の背景について理解しよう（→ p.54） ・面積が広く，移民が多いという特色と関連付けて，カナダやアメリカの多文化主義について理解する。 ・アメリカで生まれた文化が世界に広がる理由について考える。	○第1時の生徒の意見を活用しながら，アメリカの文化が世界に広がる理由を考えさせる。 ■知イ
5	【単元のまとめ】 アメリカが世界に与える影響について，学習した内容を基に意欲的に考え，北アメリカ州への関心を高める。	アメリカが世界に与える影響について関心を高めよう ・学習内容を基に，アメリカが世界に影響を与えることができる要因について考えをまとめる。 ・北アメリカ州の国々の産業や文化について関心を高める。	○グローバル化の進展によって日本とアメリカの関係がますます密接になっていることに関心をもたせる。 ■態ア

第1時 北アメリカの自然や暮らす人々の特色を理解しよう

本時の目標

1 導入　写真から人種と民族の多様性を理解する

　アメリカ合衆国トランプ大統領，オバマ大統領，ジェニファー・ロペス（俳優），ネイサン・チェン（フィギュアスケート選手），ジョン・ヘリントン（アメリカ先住民初の宇宙飛行士）の写真を提示し，「**写真の人々の共通点は何か**」と問う（全員がアメリカ国民）。つづけて，「**写真の人々の異なる点は何か**」と問い，アメリカ合衆国には様々な人種や民族の人が集まっていることを理解させる。あわせて，寒帯の学習で扱ったイヌイットについて振り返り，アメリカだけではなくカナダにも先住民がいて，現在は移民が多く暮らしていることを理解させる。また，アメリカの人口と面積が世界第3位であることを復習し，掛図等を用いてアメリカの主な地形を確認する。

2 展開　KJ法で語句を分類する

　面積と人口が世界3位だが，経済力は世界1位であることに言及した上で「**あなたが知っているアメリカの企業や文化をできるだけたくさん書きなさい**」と発問し，ブレーンストーミングを行う。その際，語句を付箋に書かせる。
　つづけて「**書いた語句の共通点や異なる点に注目すると，どのように分類できるか**」と発問し，KJ法を用いて語句を分類する。ペアか小グループでB4かA3サイズの紙に付箋を貼り，ペンで囲みながら分類をする。

> **見方・考え方を働かせるポイント ▶▶▶**
> 「日本と関わりが深いアメリカ」という視点に基づいて具体的な語句をできるだけ多く考えさせた上で，それらの語句の共通点と相違点から分類する形で見方・考え方を働かせる。

3 まとめ　アメリカが世界に影響を与える背景について予想する

　分類した内容を実物投影機等で交流し，アメリカには日本で広く知られる企業や文化があることを理解する。この際，例えばインテルなど，日本と関わりが深いが生徒の認知度が低いような企業を，補足する。最後に，別紙に単元を貫く学習課題への予想を立てる。

ワークシートの解答例

❶ (1)（例）アメリカ人（アメリカ国籍をもつ）　(2)（例）人種や民族が異なる。
❷ (1)3　(2)3　(3)イヌイット
❸ 略
❹ （例）ファーストフード，コンピューター，食品，スポーツ，音楽，映画

本時のワークシート

単元を貫く学習課題 なぜアメリカは世界中に影響を与えることができるのか

北アメリカの概要

今日の目標 ▶ 北アメリカの自然や暮らす人々の特色を理解しよう

❶ 北アメリカ州に暮らす人々
(1)写真の人々の共通点は何か。

(2)写真の人々の異なる点は何か。

❷ 北アメリカに関する復習
(1)アメリカ合衆国の面積は世界何位か。　世界第（　　　）位
(2)アメリカ合衆国の人口は世界何位か。　世界第（　　　）位
(3)カナダの先住民族で，氷でできた伝統的な住居（イグルー）に暮らしていた民族の名称は何か。（　　　　　　　　　）

❸ 知っているアメリカの企業や文化を，できるだけたくさん書こう。
・語句は付箋に書く
・アメリカの企業や文化かはっきりわからなくても，まずは付箋に書く

❹ 付箋の語句の共通点と異なる点に注目すると，どのように分類できるか。
【分類の視点】
・何をつくったり生み出したりする企業か？　（例）食品
・どんな種類の文化か？　（例）音楽

第4時 アメリカの文化の背景について理解しよう

本時の目標

1 導入　アメリカの文化の特色を理解する

　ジャズとヒップホップ音楽の曲を流す。それぞれの曲の由来を示し，アメリカ合衆国では様々な移民が集まる中で独自の文化が生まれたことを理解させる。つづけて，第1時の内容と関連させながら，カナダの多文化主義について教科書などを参考に調べる（ワークシートの❶）。

2 展開　アメリカの文化が世界中に広まる理由を考える

　日本でも一般的なアメリカ文化の例として，ハンバーガーチェーン店とCGアニメーション映画を取り上げる。「アメリカで生まれた文化が世界中で人気になる秘密は何だろうか」と問いかけ，ハンバーガーやアニメーション映画の特徴から，世界に普及する理由を考えさせる。その際，同じハンバーガーショップの世界各地の店内の写真や映画のキャラクターグッズなどを提示すると，具体的に考えやすい。このように文化の特色について考える活動を通して，大量生産・大量消費型で効率の良い生産方法で汎用性に富むと同時に，最先端の技術の活用や独創的なアイディアなどの独自性を併せ持つことを理解させる。

> **見方・考え方を働かせるポイント ▸▸▸**
> 　展開では，アメリカの文化を取り上げ，その普及の理由を探るため，経済的な視点から因果関係について考える。さらに，まとめではハンバーガーとCGアニメーション映画という異なる事象を関連付けてアメリカの文化の特色について考える形で，見方・考え方を働かせる。

3 まとめ　アメリカの文化の特色をまとめる

　学習のまとめとして「アメリカの文化の特徴をまとめよう」と発問し，ワークシートの❸に記入させる。展開で考えた内容を基に，アメリカの文化が世界に広まった要因についてまとめ，アメリカの生活様式や文化の特色を理解させる。

> **― ワークシートの解答例 ―**
>
> ❶　①英　②フランス
> 　〈補足〉カナダには200以上の民族が暮らしているとされ，毎年多くの移民を受け入れている。
> ❷　(1)（例）価格が安い。マニュアル化され，どこでも同じ品質。すぐ料理ができる（ファーストフード）。
> 　　(2)（例）最先端の技術を使っている。キャラクター人気があり，商品化されている。内容が子供から大人までわかりやすい。
> ❸　（例）同じ品質のものを大量生産する仕組みや，誰にでも受け入れやすい内容

本時のワークシート

単元を貫く学習課題 なぜアメリカは世界中に影響を与えることができるのか

多文化主義

今日の目標 ▶ アメリカの文化の背景について理解しよう

❶ カナダの多文化主義
- 異なる文化をもつ民族の人々が，お互いを尊重して平等に生活する考え方。
- カナダでは公用語が（①　　　）語と（②　　　　）語の2つ。
  ※②はケベック州など一部の州で主に使われるが，公用語に定めている。

❷ アメリカで生まれた文化が世界中で人気になる秘密は何だろうか。

(1) ハンバーガー

（記入欄）

(2) CGアニメーション映画

（記入欄）

❸ 【まとめ】アメリカの文化の特徴

アメリカの文化は，アメリカの経済力に加えて，

　　　　　　　　　　　　　　　　　　という特徴をもつため，世界各地に広がった。

世界の様々な地域

8 南アメリカ州

▶単元構想

単元の目標
- ○南アメリカ州に関する様々な資料を活用しながら、森林の伐採と開発を主題として、南アメリカ州の地域的特色を理解し、その知識を身に付ける。
- ○南アメリカ州の地域的特色について多面的・多角的に考察し、その過程や結果を適切に表現するとともに、持続可能な開発のあり方について学習内容を基に判断する。
- ○南アメリカ州に対する関心を高め、生物多様性や持続可能な開発などの地球的な課題を意欲的に追究する。

単元を貫く学習課題

南アメリカの開発と環境保護は両立できるのか

各時間の目標
1. 南アメリカの自然や暮らす人々の特色に関心を高めよう
2. 南アメリカの経済成長と環境問題を関連付けて理解しよう
3. 都市化によって環境がどのように変化しているのか考えよう
4. 開発と環境保護を両立する方法について考えよう

評価規準

知識・技能	思考・判断・表現	主体的に学習に取り組む態度
ア 南アメリカの経済成長によって森林の破壊や経済格差が発生していることを理解している。	ア 南アメリカの都市人口の原因と課題について考えることができる。 イ 開発と環境保護を両立するための方法について、学習内容を活用して考えることができる。	ア 南アメリカの豊かな自然や生物多様性と人々の生活を関連付けて考え、南アメリカへの関心を高めている。

▶単元の指導計画

時	ねらい	学習活動	○教師の指導　■評価
	南アメリカの開発と環境保護は両立できるのか			

時	ねらい	学習活動	○教師の指導　■評価
1	【南アメリカの概要】南アメリカの豊かな自然や生物多様性と人々の生活を関連付けて考え，南アメリカへの関心を高める。	南アメリカの自然や暮らす人々の特色に関心を高めよう ・リオ五輪の開会式の映像を活用し，豊かな森林があり，ポルトガルや日本からの移民が多いことに関心を高める。 ・南アメリカ州の主な地形について地図帳から調べる。 ・南アメリカに暮らす人々の民族の多様性について，写真から読み取る。 ・単元を貫く学習課題への予想を立てる。	○人々の生活が豊かな自然環境から影響を受け，経済発展が環境を改変するという，人間と自然環境の相互依存関係の視点から，南アメリカの特色について考えさせる。 ■態ア
2	【南アメリカの開発】南アメリカの経済成長によって森林の破壊や経済格差が発生していることを理解する。	南アメリカの経済成長と環境問題を関連付けて理解しよう（→ p.58） ・アマゾン川流域の森林が減少していることを理解する。 ・アマゾン川流域の森林が減少している理由を予測した上で，資料を活用して森林が何に変わっているかを読み取る。 ・南アメリカの工業化の進展について，輸出品目の資料を参考に理解する。	○予測を基にアマゾンの森林減少の理由を追究することで，開発と自然環境の相互依存関係を具体的に理解できるようにする。 ■知ア
3	【開発による環境の変化】南アメリカの都市人口の原因と課題について考える。	都市化によって環境がどのように変化しているのか考えよう ・農村と都市の格差や都市内の格差について理解する。 ・スラムの写真資料や，スラムで暮らす人々の具体的な生活がわかる文章を活用しながら，経済格差によって生じる課題について考える。	○アジア州の中国やヨーロッパの学習を振り返り，経済格差が人の移動を促すことを理解させる。 ■思ア
4	【単元のまとめ】開発と環境保護を両立するための方法について，学習内容を活用して考える。	開発と環境保護を両立する方法について考えよう ・南アメリカについて学習した内容を振り返る。 ・学習した知識を活用して，持続可能性の視点から，南アメリカでの開発と環境保護を両立する方法について考える。	○人間と自然の相互依存関係に注目させながら，より良い選択につながるように考えさせる。 ■思イ

第2時 南アメリカの経済成長と環境問題を関連付けて理解しよう

本時の目標

1 導入　アマゾン川流域の森林が減少している理由を予測する

アマゾン川流域の森林が「地球の肺」と呼ばれていることを紹介し，その理由を考えさせる。時間短縮のため，記入させずに発表を促す。世界最大の熱帯雨林が南アメリカにあることを理解した上で，「アマゾン川流域の森林の面積は，どのように変化しているか」と問う。地図帳や教科書の航空写真やグラフを活用し，森林が減少していることを読み取る（ワークシートの❷）。つづけて，森林が減少している理由を予測する（ワークシートの❸(1)）。

2 展開　資料を活用して森林が何に変化したのかを読み取る

「アマゾン盆地の森林は何に変化しているのか」と問い，地図帳の資料などを活用して読み取りを行う（ワークシートの❸(2)）。適切な資料が地図帳や教科書にない場合は，アマゾンに広がる牧場やサトウキビ畑，工場，高速道路などの写真を用意する。

つづけて，森林の減少の背景にある工業化に関わって，南アメリカの各国がモノカルチャー経済から脱しつつあることを理解させる。そのために，教科書や地図帳のグラフを活用し，南アメリカ各国の輸出品の割合を読み取る（ワークシートの❹）。資源が輸出の中心という状況ながら，機械類の輸出の割合が高くなっていることや，輸出総額が増加していることを確認する。

> **見方・考え方を働かせるポイント ▶▶▶**
> 自然と人間の相互依存関係という視点から，南アメリカにおける開発と環境問題の因果関係について考えることで，見方・考え方を働かせる。開発によって経済成長を進める反面，森林の減少が進み，環境問題が生じていることを理解させる。

3 まとめ　南アメリカの工業化の進展と自然環境の変化を関連付ける

森林の減少の原因について，学習内容を1語でまとめさせる。短い語句で端的にまとめる活動を通して，生活がまわりの自然環境にどのような影響を与えるかを理解し，自然と人間の相互依存関係に関する概念的な知識として一般化することができる。

ワークシートの解答例

❶ （例）二酸化炭素を吸収する森林が豊かに広がっているため。
❷ （例）減少している。30年間で50万km^2以上減少した。
❸ (1)略　(2)（例）サトウキビ畑，牛の牧場，高速道路，鉱山，製鉄工場
❹ (1)①鉄鉱石　(2)②銅　③モノカルチャー
❺ （例）開発，人の経済活動，発展のための伐採

本時のワークシート

単元を貫く学習課題 ▶ 南アメリカの開発と環境保護は両立できるのか

南アメリカの開発

今日の目標 ▶ 南アメリカの経済成長と環境問題を関連付けて理解しよう

❶ アマゾン盆地の熱帯雨林は「地球の肺」と呼ばれる。その理由は？

❷ アマゾン川流域の森林の面積は，どのように変化しているか。

❸ なぜ森林が減少しているのか。
　(1)予想

　(2)アマゾン盆地の森林は何に変化しているか。

❹ 南アメリカの輸出品の変化
　(1)ブラジル…かつては鉱産資源の（①　　　　　　）の輸出中心だったが，現在は機械類の輸出が増えている。
　(2)チリ…鉱産資源の（②　　　　）の輸出が多く，（③　　　　　　）経済となっているが，次第に他の輸出品が増えつつある。

❺【まとめ】今日の学習内容から（ ）の中に入る語句を入れよう。

　アマゾン川流域の森林の面積が減少している大きな原因は，（　　　　　　　　　　）である。

世界の様々な地域

9 オセアニア州

▶単元構想

単元の目標

○オセアニア州に関する様々な資料を活用しながら，他地域との結び付きを主題として，オセアニア州の地域的特色を理解し，その知識を身に付ける。

○オセアニア州の地域的特色について多面的・多角的に考察し，その過程や結果を適切に表現するとともに，学習内容を基に判断する。

○オセアニア州に対する関心を高め，グローバル化の進展による他地域との結び付きの変化などの地球的な課題を意欲的に追究する。

単元を貫く学習課題

オセアニア州と他の地域との結び付きは，昔と現在でどのように変化しているか

各時間の目標

1	オセアニアの自然や歴史，暮らす人々について関心を高めよう
2	オーストラリアの政治の変化について調べよう
3	オセアニアと他地域の結び付きについて考えよう
4	オセアニアと他地域の結び付きを世界地図に表現しよう

評価規準

知識・技能	思考・判断・表現	主体的に学習に取り組む態度
ア オーストラリアが白豪主義から多文化主義へ転換した理由について調べることができる。	ア オセアニアと他地域の結び付きの変化の理由について考えている。 イ 他地域との結び付きの変化について理解し，地図に表現することができる。	ア オセアニアの自然や歴史，暮らす人々について，他地域との結び付きの視点から意欲的に考え，オセアニアへの関心を高めている。

▶単元の指導計画

時	ねらい	学習活動	○教師の指導　■評価
	\multicolumn{3}{l	}{オセアニア州と他の地域との結び付きは，昔と現在でどのように変化しているか}

時	ねらい	学習活動	○教師の指導　■評価
1	【オセアニアの概要】オセアニアの自然や歴史，暮らす人々について，他地域との結び付きの視点から意欲的に考え，オセアニアへの関心を高める。	オセアニアの自然や歴史，暮らす人々について関心を高めよう ・オセアニアの自然の特色について，観光向けの写真から読み取る。 ・先住民との関係や建国の歴史を調べる。 ・オーストラリアにおける民族構成の変化について，資料から読み取る。 ・単元を貫く学習課題への予想を立てる。	○他の5つの州との地形や構成の違いなど，位置や空間的な広がりの視点をもたせる。 ■態ア
2	【オセアニアの産業と文化】オーストラリアが白豪主義から多文化主義へ転換した理由について調べる。	オーストラリアの政治の変化について調べよう ・アボリジニやマオリの伝統的な文化や慣習について映像や写真から理解する。 ・オーストラリアの白豪主義と多文化主義について調べる。 ・多文化主義がいつ，どのような理由で始まったのか，経済と文化の視点から調べて理解する。	○観光業がさかんなオセアニアでは，外国人観光客の増加のためにも多文化主義が重要であることに気付かせる。 ■知ア
3	【オセアニアと他地域の結び付き】オセアニアと他地域の結び付きの変化の理由について考える。	オセアニアと他地域の結び付きについて考えよう（→ p.62） ・オセアニアの農業や資源について資料から調べる。 ・オーストラリアの主要貿易相手国の変化について資料から調べる。 ・オーストラリアの貿易相手国が変化した理由について考える。	○オセアニアの貿易相手国が変化した理由について考える際に，視覚を明示することで多面的・多角的に考える。 ■思ア
4	【単元のまとめ】他地域との結び付きの変化について理解し，地図に表現する。	オセアニアと他地域の結び付きを世界地図に表現しよう ・世界地図の白地図を用いて，オセアニアと他地域の結び付きに関する主題図を作成する。 ・作成した地図の内容を生かしながら，単元を貫く学習課題のまとめを行う。	○主題図を作成する際に，前時までに授業で取り上げたグラフや統計資料を活用させる。 ■思イ

第3時 本時の目標 オセアニアと他地域の結び付きについて考えよう

1 導入　オセアニアの主な産業を確認する

　地図帳や教科書の地図やグラフを活用し，オセアニアで牧畜がさかんなことや，オーストラリアでは石炭や鉄鉱石の輸出が多いことを理解する（ワークシートの❶）。オセアニアの人口が比較的少ないことを復習して「**生産した羊毛や石炭，鉄鉱石はどこに輸出しているのだろうか**」と問い，展開へ移る。

2 展開　オーストラリアの貿易相手国の変化と理由について考える

　まず「**オーストラリアの主な貿易相手国はどのように変化しているのか**」と問い，教科書や地図帳の資料などを活用して，貿易相手国の変化を記入する（ワークシートの❷）。その際に，変化する前の国についても読み取ることや，相手国の地域（州）に注目して考えるように促す。
　つづけて「**なぜオーストラリアはアジアやアメリカとの貿易が増えたのか**」と問う。その際，様々な側面から多面的に考えるため，位置関係と政治の方針の視点を示す。また，オーストラリア以外の立場から多角的に考えるために，アジアの視点とイギリスの視点を提示する（ワークシートの❸）。その際に，アジアの経済成長やヨーロッパにおけるEUの拡大などの既習事項を思い出させる。

> **見方・考え方を働かせるポイント ▶▶▶**
> 多面的・多角的な視点から貿易相手国の変化について考えるように，視点を明示する。

3 まとめ　多面的・多角的に考えた結果を交流する

　ワークシートの❸の内容を全体で交流し，オーストラリアの貿易相手国がヨーロッパ中心からアジア中心へ変化した要因について，多面的・多角的に理解する。

ワークシートの解答例

❶　①牛　　②羊　　③石炭　　④鉄鉱石　　〈補足〉③と④は順不同

❷　（例）1960年代まではイギリスなどのヨーロッパの国や日本が中心だったが，現在は中国，日本，韓国，インドなどアジアの国々やアメリカに変化した。

❸　（例）①イギリスを含めたヨーロッパよりアジアが近く，同じ太平洋で，貿易をしやすいから。
　　　　　②オーストラリアが多文化主義を国の方針として，アジアからの移民が増えて，貿易以外での結び付きも強くなっているから。
　　　　　③アジアの国々が経済発展をしているから。
　　　　　④イギリスがEUに加盟し，ヨーロッパの国々との結び付きを強めているから。

本日のワークシート

単元を貫く学習課題：オセアニア州と他の地域との結び付きは，昔と現在でどのように変化しているか

オセアニアと他地域の結び付き

今日の目標 ▶ オセアニアと他地域の結び付きについて考えよう

❶ オセアニアの産業
(1)農業…牧畜がさかん
　　　　オーストラリアの北部では（①　　　　），
　　　　南部やニュージーランドでは（②　　　　）が中心。
(2)資源…オーストラリアが輸出量世界１位の資源は何か。
　　　　（③　　　　　　　）と（④　　　　　　　）

❷ オセアニア州と他の地域との結び付きは，昔と現在でどのように変化しているか。オーストラリアの主な貿易相手国は，どのように変化したか。

❸ なぜオーストリアはアジアやアメリカとの貿易が増えたのか。

視点	理由
①オーストラリアと貿易相手国の位置関係	
②オーストラリアの政治の変化	
③アジアの国々の変化	
④イギリスの変化	

Column 3　日本地理における アクティブ・ラーニングのポイント

❶ ギャップで関心を高める

　日本地理については，小学校でひと通り学習していることに加え，生活する中で日本地理に関する情報に接する機会が多くあります。そこで，生徒の予備知識と異なるような事実や資料を取り上げて，生徒の思考をゆさぶることが効果的です。

　例えば，日本の地域区分についての学習で，生徒にいなりずしの絵を描かせます。東日本ならば俵型に描く生徒が多いでしょう。そこで，西日本の三角形のいなりずしの写真を見せると，同じだと思っていたことが，実は異なると知り，生徒の関心は高まります。

　他の例として，日本の常識が世界と異なることを利用する方法があります。例えば，日本では過疎化と人口減少の問題に直面していますが，世界で（紛争などを除き）人口が減少している国は少数です。その点から，人口の変化による社会の変化について，地理的な特色を主体的に追究し，課題の解決に向けて構想するように学習を進めると「主体的な学び」ができます。

❷ 複数の資料を活用する

　日本地理の学習は，世界地理の学習をふまえて，原則として２年生で扱います。生徒は一年間，地理的分野における「見方・考え方」を働かせながら，学習を積み重ねています。その成果を生かし，日本地理ではより質の高い学習を行うべきです。とくに，地図や統計資料，グラフ，視聴覚資料などの中から，複数の資料を活用して考察する場面を積極的に取り入れましょう。それが「見方・考え方」を鍛え，生徒の「深い学び」の実現につながります。

　なお，１人で複数の資料を活用するのが難しい場合は，ペアごとに異なる資料を与えて考察させてから，ペアで話し合いをして意見をまとめる方法や，ジグソー学習で課題別グループごとに同一に資料を分析してから，ジグソーグループでまとめる方法があります。このように，学習形態の工夫を図ると「対話的な学び」にもつながります。

　また，発問を工夫することもアクティブ・ラーニングの実現には大切です。単に「考えよう」と指示するのではなく，「比較して」「まとめて」「具体例を」「どのような関係性があるか」など，考え方を明確にして問いかけましょう。さらに言えば，関係性を考えさせる場合，「原因（結果）について考えよう」「どのように移り変わったのか（循環しているのか）考えよう」「（中心となる事象が）他に与える影響を考えよう」など，できるだけ具体的に考える方法を指示しましょう。これらの点まで明示すると，目標に沿った方向で生徒は考えを深めることができます。

第 4 章

「日本の様々な地域」の授業展開 & ワークシート

地域調査の手法　66

日本の地域的特色と地域区分　70

九州地方　80

中国・四国地方　86

近畿地方　92

中部地方　98

関東地方　104

東北地方　110

北海道地方　116

地域のあり方　122

日本の様々な地域

10 地域調査の手法

▶単元構想

単元の目標

○身近な地域に着目し、課題の追究や解決を通して地理的なまとめ方の基礎を理解し、地形図や主題図などの資料から地域で見られる事象や特色などを的確に読み取り、地図の作成などの地理的技能を身に付ける。

○日本の地域的特色を地域区分などに着目し、主題に沿って事象の傾向性や規則性、因果関係について多面的・多角的に考察し、調査結果をまとめて発表することで的確に表現する。

○地理的な事象に関する地域の特徴への関心を高め、主体的に主題を設定し、調査手法を理解しながら意欲的に調査し、調査結果を的確にまとめて発表する。

単元を貫く学習課題

函館に来る修学旅行生に役立つようなパンフレットをつくろう

各時間の目標

1	調査テーマと調査方法を決めよう
2	等高線や縮尺、地図記号を理解して地形図を読み取ろう
3	資料から必要な情報を読み取ろう
4	調べた情報から地域の特色について考えよう
5	調べたことをパンフレットにまとめよう

評価規準

知識・技能	思考・判断・表現	主体的に学習に取り組む態度
ア 地形図の特性を理解した上で、地形図から必要な情報を読み取る技能を身に付けている。 イ 資料の特性に留意しながら、地図や統計からテーマに応じた情報を選んで読み取ることができる。	ア 野外調査をして集めた情報の中から、主題に沿って的確な資料を選び、地域の特色について考えている。 イ 調査と考察の結果を合理的に解釈しながらまとめ、表現している。	ア 地域の課題について関心を高め、調査方法とまとめの方法について意欲的に準備をし、課題の解決に向けて主体的に考えようとしている。

▶単元の指導計画

時	ねらい	学習活動	○教師の指導 ■評価
		函館に来る修学旅行生に役立つようなパンフレットをつくろう	
1	【調査のテーマ設定】地域の課題について関心を高め，調査方法とまとめの方法について意欲的に準備をし，課題の解決に向けて主体的に考えようとする。	調査テーマと調査方法を決めよう ・観光産業の変化という地理的な課題について着目し，調査に必要な資料を考える。 ・調査項目を決めて，それぞれの項目について文献調査と観察，野外調査などの方法が適しているか判断する。 ・まとめる方法を理解し，学習の見通しをもつ。	○調査に必要な資料の候補をあらかじめ用意し，生徒に対して例示することで調査計画を立てやすくする。 ■態ア
2	【地形図】地形図の表現上のきまりを理解した上で，地形図から必要な情報を読み取る技能を身に付ける。	等高線や縮尺，地図記号を理解して地形図を読み取ろう（→ p.68） ・地図記号や等高線，縮尺など，地形図の表現上のきまりについて理解し，問題を解くことで読み取る技能を身に付ける。 ・自分たちの暮らす地域の地形図から地域の特色を理解する。	○学校所在地の地形図を用意して読み取りを行うことで，地域の特色を理解させる。 ■知ア
3	【文献調査】資料の特性に留意しながら，地図や統計からテーマに応じた情報を選んで読み取る。	資料から必要な情報を読み取ろう ・ジグソー学習を行う。第1時でリストアップした資料を課題別グループごとに分けて，資料から必要な情報を読み取る。 ・ジグソーグループで内容を交流した上で，野外調査でさらに調べる内容を決める。	○資料から読み取った事実と，自分たちの解釈を分けてまとめさせる。 ■知イ
4	【野外調査のまとめ】野外調査をして集めた情報の中から，主題に沿って的確な資料を選び，地域の特色について考える。	調べた情報から地域の特色について考えよう ・野外調査で集めた資料や調べた内容から，観光産業の特色と変化という主題に即した情報を選び出す。 ・調査のまとめに向けて，根拠を明確にしながら結論について考える。	○野外調査は，総合的な学習の時間のフィールドワークの中で実施する。 ■思ア
5	【単元のまとめ】調査と考察の結果を合理的に解釈しながらまとめ，表現する。	調べたことをパンフレットにまとめよう ・地域調査の結果を地図，グラフや表，写真を取り入れながら，パンフレットの形で表現する。 ・発表会を通して，学校周辺の地域の特色を主題に沿って理解する。	○合理的な解釈になるようにすることと，わかりやすくまとめることを意識させる。 ■思イ

第2時 等高線や縮尺，地図記号を理解して地形図を読み取ろう

【本時の目標】

1 導入　小学校の学習内容を振り返る

　視覚に訴える効果があるため，小学校で学習した地図記号の復習を行う。フラッシュカードやプレゼンテーションソフトを活用すると良い。その上で，新たに学習する地図記号を見せて，意味を考えさせる。その後，「地形図の達人になろう！」と呼びかけて学習意欲を高めさせる。

2 展開　地形図を読み取るための知識と技能を学ぶ

　方位，等高線，縮尺の順番に地形図を読み取るための技能を身に付けさせる。方位については，4方位の後に8方位を確認する。8方位は4方位を基準とし，北と南を先に付けるという原則を伝え，生徒に考えさせる。16方位は8方位を基準とし，例えば北東より北寄りの方位が北北東であるという原則を伝え，残りは生徒に考えさせる。

　つづけて，等高線の学習では，まず定義を確認し，縮尺によって主計線と計曲線を何メートル間隔で引くか変化することを説明する。その上で地形図から断面図を作成する作業を行い，なぜ等高線の間隔が狭いと斜面が急になるのか考えさせる。

　最後に，縮尺の仕組みを説明し，ワークシートの練習問題をノートなどに解かせる。縮尺の練習問題では，単位の変換の仕方を丁寧に指導する。また，応用問題として，長さだけではなく，面積を求める問題を出しても良い。

　見方・考え方を働かせるポイント ▸▸▸
　　地形図を読み取るには，地理的な位置や分布の視点から特色を考えさせることが重要である。位置を認識したり，分布の範囲を理解したりするために必要な知識と技能を身に付けさせる。

3 まとめ　身近な地域の地形図から技能が定着したか確認する

　本時は，地形図を読み取る知識と技能を着実に定着させることが重要である。そこで，まとめの時間には学校所在地周辺の地形図を用意して，読図に関する問題を解かせる。なお，国土地理院の地図は電子データを購入することもできる。

ワークシートの解答例

❶・❷ 略

❸ （例）短い距離で高さが変化していると，等高線の間隔が短くなるから。

❹ (1)250　(2)0.5

　【練習問題1】1000m　〈補足〉4×25000＝100000（cm）

　【練習問題2】12cm　〈補足〉6kmは600000cm　600000÷50000＝12（cm）

本時のワークシート

単元を貫く学習課題 ▶ 函館に来る修学旅行生に役立つようなパンフレットをつくろう

地形図

今日の目標 ▶ 等高線や縮尺，地図記号を理解して地形図を読み取ろう

❶ 地図記号

❷ 方位

❸ 等高線…なぜ等高線の間隔が狭いと，斜面が急になるのか。

❹ 縮尺

(1) 縮尺2万5千分の1（1：25000）の地図の場合
　　地図上の1cmが，実際は25000cmになる。単位を変えると（　　　　　）m

(2) 縮尺5万分の1（1：50000）の地図の場合
　　地図上の1cmが，実際は50000cmになる。単位を変えると（　　　　　）km

【練習問題1】25000分の1の地形図で4cmの時、実際の距離は何mか。
【練習問題2】実際の距離が6kmだと、50000分の1の地形図では何cmになるか。

日本の様々な地域

11 日本の地域的特色と地域区分

▶単元構想

単元の目標
○日本の自然環境や人口，資源・エネルギーと産業，交通・通信の特色を理解するとともに，資料を基に地域区分をする技能を身に付ける。
○日本の地域的特色を地域区分などに着目し，多面的・多角的に考察し，表現する。
○日本の地域的特色について関心を高め，主体的に課題を追究する。

単元を貫く学習課題
日本の国土の特色をウェビングマップでまとめよう

各時間の目標

1	世界と比べた日本の国土の特色について考えよう
2	日本の地域区分を理解して地図に表現しよう
3	日本列島の地形の特色について理解しよう
4	日本の気候の特色をグラフから読み取ろう
5	日本で起きやすい自然災害と防災について考えよう
6	防災と減災に必要なことについて考えよう
7	日本の人口の課題について考えよう
8	日本の資源やエネルギーの特色から環境問題について考えよう
9	産業が地域や年代によってどのように変化しているか考えよう
10	交通の変化が社会へどのような影響を与えるのか理解しよう

評価規準

知識・技能	思考・判断・表現	主体的に学習に取り組む態度
ア 日本の地形の特色について理解している。 イ 雨温図から日本の気候の特色を読み取っている。 ウ 国内や日本と世界の結び付きを理解している。	ア 日本の地域区分を的確に表現している。 イ 日本の自然災害の特色について考えている。 ウ 人口に関する日本の課題について考えている。 エ 国内の産業の地域差や変化について考えている。	ア 日本の国土の特色に関心を高めている。 イ 防災と減災について主体的に考えようとしている。 ウ エネルギーと環境問題を主体的に関連付けようとしている。

▶単元の指導計画

時	ねらい	学習活動	○教師の指導　■評価
		日本の国土の特色をウェビングマップでまとめよう	
1	【世界の地形】日本の国土の特色に関心を高める。	世界と比べた日本の国土の特色について考えよう ・世界の地形を調べた上で、日本の国土に関するウェビングマップを作成する。	○世界と比較させる。 ■態ア
2	【日本の地域区分】日本の地域区分を的確に表現する。	日本の地域区分を理解して地図に表現しよう（→p.72） ・政治や生活・文化、地域の結び付きなどによる区分について考える。	○地図を活用する。 ■思ア
3	【日本の地形】日本の地形の特色を理解する。	日本列島の地形の特色について理解しよう（→p.74） ・環太平洋造山帯に位置する島国としての特色を、地図や写真から理解する。	○地域差に着目させる。 ■知ア
4	【日本の気候】雨温図から日本の気候の特色を読み取る。	日本の気候の特色をグラフから読み取ろう ・雨温図から、日本の6つの気候区分と世界と比べた気候の特色を理解する。	○相違点に着目させる。 ■知イ
5	【自然災害】日本の自然災害の特色について考える。	日本で起きやすい自然災害と防災について考えよう ・地形や気象の特色と関連付け、日本の自然災害の特色と地域差について考える。	○原因に着目させる。 ■思イ
6	【防災と減災】防災と減災について主体的に考える。	防災と減災に必要なことについて考えよう（→p.76） ・防災と減災に必要なことを、自助・公助・共助の視点から考える。	○ベン図を活用させる。 ■態イ
7	【世界と日本の人口】日本の人口の課題について考える。	日本の人口の課題について考えよう ・人口ピラミッドの読み取りを行う。 ・過疎と過密問題の原因と影響を考える。	○資料から考えさせる。 ■思ウ
8	【資源・エネルギー】エネルギーと環境問題を主体的に関連付ける。	日本の資源やエネルギーの特色から環境問題について考えよう ・資源の輸入や発電方法について調べる。 ・資源の枯渇や様々なエネルギーの問題について考える。	○地球的課題と関連付けて考えさせる。 ■態ウ
9	【世界と日本の産業】産業の地域差や変化について考える。	産業が地域や年代によってどのように変化しているか考えよう（→p.78） ・日本の産業の構成の変化や、地域による違いについて、地形や人口から考える。	○相違点に着目させる。 ■思エ
10	【交通・通信】国内や日本と世界の結び付きを理解する。	交通の変化が社会へどのような影響を与えるのか理解しよう ・交通の発達による国内や日本と世界との結び付きの変化について理解する。	○情報化と関連付ける。 ■知ウ

第2時 本時の目標
日本の地域区分を理解して地図に表現しよう

1 導入　絵を通して地域による文化の違いに関心を高める

　地域による文化の差を理解するために，絵を描かせる。最初はいなりずしで，東日本では俵型，西日本では三角が一般的である。絵を描かせた後に，最初は学校所在地に多い形のいなりずしの写真を見せ，次に学校所在地では一般的ではない方の写真を見せる。東日本なら，最初に俵型，次に三角の順である。つづけて「餅の形がわかるように雑煮の絵を描こう」と指示する。地域によって文化が異なることと，特定の形には地域的なまとまりがあることを実感させ，地域区分への関心を高めさせる。

2 展開　地域区分を地図上に表現する

　「日本はいくつに区分することができるか」と発問し，区分した地域の名称を記入し，地図に境界線を引かせる（ワークシートの❷(1)～(3)）。境界線は，区分ごとに異なる色で引くと良い。また，首都圏の範囲も地図に書き込ませる（ワークシートの❷(1)～(4)）。作業の際には，ワークシートの語句に番号を振ってあるので，その番号も書き入れるとようにする。例えば，①に「北海道地方」を記入した場合，地図の北海道地方の位置に①と書く。

> **見方・考え方を働かせるポイント** ▸▸▸
> 　文化の地域差などの空間的な広がりや様々な地域区分の規則性に着目させ，地域区分の基準について考えさせることで，見方・考え方を働かせる。

3 まとめ　様々な基準による区分を理解する

　7区分，3区分，2区分について，分ける基準は何かを問う。口頭で確認し，7区分と3区分は行政上の区分であり，2区分は文化的かつ地形上の区分（フォッサマグナを挟む）ことを理解させる。鉄道や電力会社の営業地域を区分した地図や，同じ銘柄のカップ麺（うどん）が地域ごとに4つの分かれている事例など，他の区分を紹介する。それによって，日本の地域区分に対する関心を高める。

ワークシートの解答例

❶ 略

❷ (1)①北海道　②東北　③関東　④中部　⑤近畿　⑥中国・四国　⑦九州　（①～⑦は順不同）

　(2)⑧東北　⑨中央　⑩西南　（⑧～⑩は順不同）

　(3)⑪東　⑫西　（①・②は順不同）

　(4)①関東　②山梨

本時のワークシート

単元を貫く学習課題 日本の国土の特色をウェビングマップでまとめよう

日本の地域区分

今日の目標 ▶ 日本の地域区分を理解して地図に表現しよう

❶ お絵描きゲーム
　(1)お題「いなりずし」　　(2)お題「雑煮」

❷ 下の(1)〜(4)の区分を下の地図で行い，それぞれの地域の呼び名を書き入れよう。

(1) 7区分（境界線は赤で記入）
　① (　　　　　) 地方
　② (　　　　　) 地方
　③ (　　　　　) 地方
　④ (　　　　　) 地方
　⑤ (　　　　　) 地方
　⑥ (　　　　　) 地方
　⑦ (　　　　　) 地方

(2) 3区分（境界線は青で記入）
　⑧ (　　　　　) 日本
　⑨ (　　　　　) 日本
　⑩ (　　　　　) 日本

(3) 2区分（境界線は緑で記入）
　⑪ (　　　　) 日本
　⑫ (　　　　) 日本

(4) 地域の結び付きによる区分
　・都市圏
　　（例）首都圏…（①　　　　）
　　　　地方に（②　　　　）県
　　　　を加える。

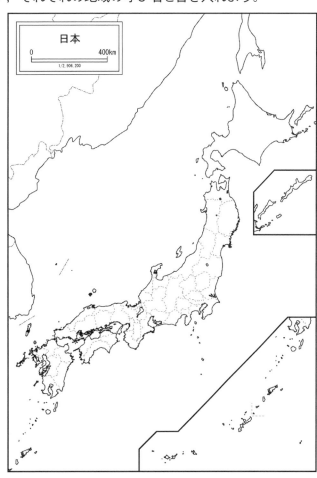

第3時 　本時の目標　日本列島の地形の特色について理解しよう

1 導入　日本の島国としての特色を復習する

日本の地域構成（本書第2章の2）の内容を振り返る。日本は島国であり，海岸線が長いことや，東日本では南北，西日本では東西に長い形をしていることなどを確認する。つづけて，前時を振り返り，日本列島が環太平洋造山帯に位置することを確認する。

2 展開　日本列島の地形の特色について考える

「島国で環太平洋造山帯にある日本列島には，どのような地形の特色があるか」と発問し，山地，平野，川，海岸線など，地形の種類ごとに特色について考えさせる（ワークシートの❸）。本単元は，単元のまとめがウェビングマップの作成のため，どの時間の学習でも種類や項目ごとに地域的特色を理解させた方が，多面的・多角的に特色をまとめることができる。

なお，川の特色を読み取る際には，教科書等のグラフ（標高と河口からの距離の関係を示したグラフ）や川の写真を使う。同様に，海岸についてもリアス海岸，砂浜海岸，干潟，さんご礁の写真を提示する。

> **見方・考え方を働かせるポイント ▶▶▶**
> 位置や空間的な広がりの視点から，山地・平野・川・海岸などの地形の分布に着目し，日本の地形の特色を考えさせる。

3 まとめ　日本の地形に関するウェビングマップを作成する

学習した内容（ワークシートに記入した内容）を基に，単元のまとめ用のウェビングマップ（別紙）に日本の地形に関する語句を記入する。

ワークシートの解答例

❶ （例）島国であるため，海岸線が長い。東日本は南北，西日本は東西に長い。

❷ 環太平洋造山帯

❸ (1)略　〈補足〉山脈が東北日本では南北に，西南日本では東西に向きを変えることから，フォッサマグナの説明を行う。

(2)扇状地は，川が山から平野にでる位置に形成され，粗い土砂が堆積するため水はけが良く，果樹園などに利用される。三角州は河口周辺に形成され，細かい砂や泥が堆積していて，住宅地や水田に利用される。

(3)①短く　②急　理由…標高の高い山から狭い平野を通り，川が海へと流れているから。

(4)①リアス　②干潟　③さんご礁

本時のワークシート

単元を貫く学習課題 日本の国土の特色をウェビングマップでまとめよう

日本の地形

今日の目標 ▶ 日本列島の地形の特色について理解しよう

❶【復習】日本は島国のため,どのような地理的な特色があるか。

❷ 日本は何という造山帯の一部か。
　（　　　　　　　　　　　）

❸ 日本列島の地形の特色
(1)山地…日本の主な山地とフォッサマグナの位置を地図で確認しよう。
(2)平野…リアス海岸と扇状地の違いを,つくられる理由や場所,利用法などの点から考えて,下の表を完成させよう。

	位置	特徴	土地利用
扇状地			
三角州			

(3)川…世界の主な川と比べて,日本の川は長さが（①　　　　　）,流れが
（②　　　　　）である。その理由はなぜか。

理由

(4)海岸…入り組んだ（①　　　　　　　）海岸,なめらかな砂浜海岸,
泥でできた（②　　　　　），南西諸島の（③　　　　　　）など

第6時 防災と減災に必要なことについて考えよう

本時の目標

1 導入　自助・共助・公助の意味を理解する

前時の復習として、防災と減災の違いを確認する。その上で、自助・公助・共助の語句の意味を理解する。

2 展開　ベン図で防災と減災に必要なことを考える

「防災と減災のために必要なことを、自助・共助・公助の視点から考えよう」と発問し、ワークシートのベン図に記入させる。想定する災害は、前時に学習したものから選択させる。ベン図の重ならない部分には相違点、重なる部分には共通点を記入させる。教科書の資料だけでは不十分な場合は、事前に防災や減災に関する資料を生徒に集めさせておくと良い。

> **見方・考え方を働かせるポイント ▶▶▶**
> 自助・共助・公助の共通点と相違点という視点から、防災や減災に必要なことについて考えさせる。思考を可視化するために、ベン図を活用する。

3 まとめ　ウェビングマップにまとめる

学習内容を基に、防災や減災に関する内容をウェビングマップ（別紙）に書き足す。その際、前時に学習した災害の語句と線で結び付けることを意識させる。

ワークシートの解答例

（地震の対策について考えた生徒のベン図の例）

①公助…地盤の改良、耐震工事、防波堤の整備、災害用の備蓄、避難所の開設、避難訓練、地震体験、緊急地震速報、災害用伝言ダイヤルの開設、交通規制、帰宅困難者への対応、警察・消防の出動、自衛隊への要請　など

②自助…家具などの固定、防災グッズ（水と食料、ラジオ、ライト、避難生活のための物資）の準備、避難場所や経路の確認、消火器などの準備　など

③共助…地域の防災訓練、消防団の訓練、避難ルートの確認、避難時の声かけ、無理のない救出活動、避難中の自宅の見回り　など

④公助と自助に共通すること…地域のハザードマップの作成と確認　など

⑤公助と共助に共通すること…地域のハザードマップの作成と周知、支援物資やボランティアの需要の集約と供給先の調整　など

⑥自助と共助に共通すること…ボランティアの組織化　など

⑦すべてに共通すること…命を守る、災害に対する想定をする、災害への被害を減らす　など

本時のワークシート

単元を貫く学習課題　日本の国土の特色をウェビングマップでまとめよう

防災と減災

今日の目標 ▶ 防災と減災に必要なことについて考えよう

❶ 防災と減災のためにできることを考えよう。

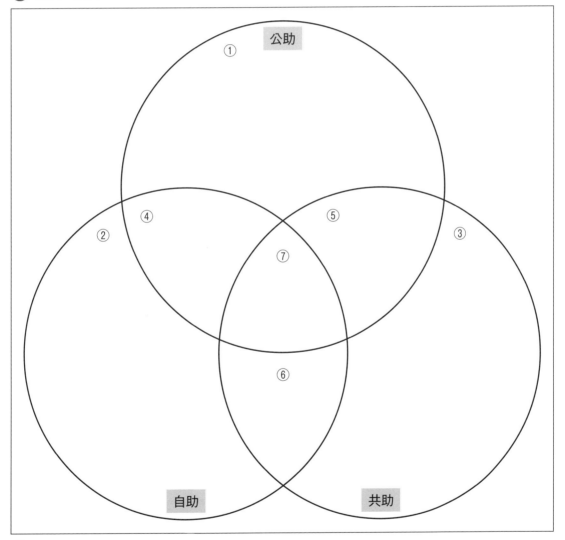

❷ ウェビングマップに防災と減災に関する内容を書き足そう。
　※とくに，災害の内容とつなげることを考えよう。

第9時 産業が地域や年代によってどのように変化しているか考えよう

本時の目標

1 導入　産業構成についてクイズ形式で関心を高める

　第一次産業，第二次産業，第三次産業の概要（例えば「とる産業」「作る産業」「売る・与える産業」など）を説明し，具体的な職業がどれに該当するか考える（ワークシートの❶）。とくに，第三次産業のサービス業が理解しづらい，教師などの身近な例から説明をしてもよい。

2 展開　産業の変化と分布について資料から考える

　日本における産業の変化と分布について学習する。教科書や地図帳の資料を参考にして「**日本ではどのように産業別人口の割合が変化したか**」と問い，時間の経過に伴う変化について考えさせる（ワークシートの❷）。つづけて，産業の分布に着目させて「**臨海部に工場が多いのは，何をするのに便利なためか**」と問い，工業製品の輸送に便利な位置という視点から工業の分布の特色について考えさせる（ワークシートの❸(1)）。さらに，太平洋ベルトに工業地帯や工業地域が集中することを地図から読み取らせる（ワークシートの❸(2)）。あわせて，工場の海外移転によって産業の空洞化が進んでいることを説明する。

> **見方・考え方を働かせるポイント ▶▶▶**
> 　工場の立地については分布の規則性という視点に着目させ，産業の空洞化については位置や分布の変化の傾向性という視点に着目させる。いずれも位置や分布に関わる視点を中心に，見方・考え方を働かせて地理的な特色や課題を把握させる。

3 まとめ　日本の産業の課題について考えさせる

　産業の変化（第一次産業の衰退）と分布（産業の空洞化）に共通する課題が何かを考えさせ，グローバル化の影響を理解させる（ワークシートの❹）。最後に，ウェビングマップ（別紙）に日本の産業に関して学習した内容を書き足させる。

ワークシートの解答例

❶　①一　　②二　　③三

❷　（例）1950年代までは第一次産業が人口の半数近くを占めていたが，次第に第二次産業と第三次産業の割合が増えている。とくに第三次産業の割合は8割を占める。

❸　(1)（例）船を使って，原料や部品，燃料の輸入と製品の輸出に便利なため。
　　(2)（例）太平洋ベルトと呼ばれる，関東地方の太平洋側（千葉県や東京都）から九州の北部（福岡県）にかけて集中している。

❹　海外の安い輸入品や，海外の安い賃金の影響を受けて厳しい状況にある。

本時のワークシート

単元を貫く学習課題 日本の国土の特色をウェビングマップでまとめよう

世界と日本の産業

今日の目標 ▶ 産業が地域や年代によってどのように変化しているか考えよう

❶ 次の仕事は、第一次産業、第二次産業、第三次産業のどれに当てはまるか。数字で答えなさい。
①イチゴ農家（　　）　②イチゴジャムを製造する企業（　　）
③イチゴを使ったスイーツが自慢のカフェ（　　）

❷ 産業の変化
日本では、この80年間でどのように産業別人口の割合が変化したか。

❸ 産業の分布
(1)臨海部に工場が多いのは、何をするのに便利なためか。

(2)日本ではどのような地域で工業がさかんか、地図から読み取りなさい。

❹ 産業の変化と産業の分布に共通して当てはまる課題は何か。「海外」という視点から考えなさい。

日本の様々な地域

12 九州地方

▶単元構想

単元の目標
○九州地方に関する様々な資料を活用しながら，産業の発展と環境問題の関連を主題にして，九州地方の地域的特色や地域の課題を理解し，その知識を身に付ける。
○九州地方の地域的特色について産業を中核として多面的・多角的に考察し，その過程や結果を適切に表現するとともに，環境問題の取組の将来性について判断する。
○九州地方に対する関心を高め，主体的に産業の発展と環境問題の関連について考えるとともに，地域の課題としての持続可能な社会づくりを意欲的に追究する。

単元を貫く学習課題

九州での環境問題の対策は，道徳面以外にどのようなよさがあるか

各時間の目標
1　九州の産業の歴史と環境問題について関心を高めよう
2　南西諸島の環境問題の影響について理解しよう
3　火山が生活に与える影響について資料から読み取ろう
4　九州の農業における環境保全の工夫について考えよう
5　環境保全のためにどのような工夫が必要か考えよう
6　環境問題の対策は九州をどのように変化させているかまとめよう

評価規準

知識・技能	思考・判断・表現	主体的に学習に取り組む態度
ア　南西諸島の環境問題が観光などの産業に与える影響について理解している。 イ　火山が人々の生活に与える影響について，資料から読み取ることができる。	ア　九州地方の農業を通して，環境保全と経済活動の両立を図る方法について考えている。 イ　環境を改善するための工夫について，エコタウン事業を通して考えている。	ア　九州の環境問題についての関心を高め，地域的特色を主体的に追究しようとしている。 イ　環境問題の対策による地域の変容に関わって，九州地方の地域的特色を意欲的に考えている。

▶単元の指導計画

時	ねらい	学習活動	○教師の指導　■評価

九州での環境問題の対策は，道徳面以外にどのようなよさがあるか

時	ねらい	学習活動	○教師の指導　■評価
1	【九州の概要】九州の環境問題についての関心を高め，地域的特色を主体的に追究する。	九州の産業の歴史と環境問題について関心を高めよう ・九州の気候や主な地形について調べる。 ・世界遺産から産業の歴史について調べる。 ・工業化に伴う公害や，火山の噴火の影響について理解する。 ・単元を貫く学習課題の予想を立てる。	○単元の学習への意欲を高めるため，産業遺産や水俣病の新聞記事を活用する。 ■態ア
2	【南西諸島の開発と環境保全】南西諸島の環境問題が観光などの産業に与える影響について理解する。	南西諸島の環境問題の影響について理解しよう ・南西諸島の主な地形と気候を調べる。 ・南西諸島での自然を利用した観光産業の成長について理解する。 ・観光客の増加による環境破壊の問題について理解し，解決策を考える。	○屋久島やさんご礁を例に，観光客の増加が環境悪化を招くジレンマについて考えさせる。 ■知ア
3	【自然の利用の工夫】火山が人々の生活に与える影響について，資料から読み取る。	火山が生活に与える影響について資料から読み取ろう ・日本列島に火山が多いことと，火山の噴火による被害について復習する。 ・火山が生活にもたらす負担と恩恵について，写真や統計資料から読み取る。	○地熱発電や温泉による観光など，産業に利用する工夫を扱う。 ■知イ
4	【九州の農業】九州地方の農業を通して，環境保全と経済活動の両立を図る方法について考える。	九州の農業における環境保全の工夫について考えよう（→p.82） ・九州地方の畜産業が日本有数の生産量であることを調べる。 ・循環型農業について，従来の農業に比べて優れた点に着目して考える。	○循環型農業の特色を分析する際に，フィッシュボーン図を用いる。 ■思ア
5	【工業と環境問題】環境を改善するための工夫について，エコタウン事業を通して考える。	環境保全のためにどのような工夫が必要か考えよう（→p.84） ・北九州市を例に，大気汚染と水質汚濁の公害と対策による改善策について調べ，Yチャートにまとめる。 ・主な工業の変化について理解する。	○エコタウンの広がりが環境の保全につながることを理解させる。 ■思イ
6	【単元のまとめ】環境対策による地域の変容を通して，九州地方の特色について意欲的に考える。	環境問題の対策は九州をどのように変化させているかまとめよう ・学習内容を振り返り，産業の発展と環境問題の発生，環境保全の取組による産業や地域の変化についてまとめる。 ・まとめた内容を発表する。	○単元のまとめの交流には，実物投影機などを活用する。 ■態イ

第4時 九州の農業における環境保全の工夫について考えよう

本時の目標

1 導入　ブランド化した農作物から九州地方の農業のイメージをつかむ

　ブランド化している農作物の写真を提示し，価格をクイズ形式で紹介し，九州地方での農業への関心を高めさせる。宮崎県のマンゴーや地鶏，熊本のトマト，鹿児島県の黒豚，佐賀の和牛などが良い。

2 展開　フィッシュボーン図で循環型農業の工夫について視点を分けて考える

　九州地方の農業について調べる。とくに，畜産業については「**九州地方の畜産がどのくらいさかんなのか**」と発問し，教科書や地図帳のグラフから読み取らせる（ワークシートの❶(2)）。つづけて，家畜による大量の糞尿が土壌汚染や水質汚濁を引き起こす問題を紹介する。
　そして，環境問題に対する取組として，九州地方では循環型農業が広がりつつあることを伝え，「**循環型農業にはどのような工夫があるか**」と発問し，特徴を考えさせる。その際に，ワークシートの解答例にあるような内容を読み取ることができるように，農林水産省九州農政局のホームページなどを参考に資料を用意する。なお，フィッシュボーン図は本時のように視点を分けて考えてから結果をまとめる場合は，魚の頭の部分は右向きの方が良い。

> **見方・考え方を働かせるポイント ▶▶▶**
> 循環型農業を取り上げ，環境と産業という自然と人間の相互依存関係の視点から，循環型農業における様々な工夫について，視点を分けながら考える。

3 まとめ　循環型農業の工夫について考えをまとめる

　フィッシュボーン図の視点ごとに考えた内容を交流し，結果の箇所に循環型農業の工夫についてまとめさせる。フィッシュボーン図のような思考ツールは，個人思考の際に，思考を可視化できるので有効である。交流の際は，全体にわかるように実物投影機やタブレット端末を活用すると良い。

ワークシートの解答例

❶　①宮崎　②鹿児島　③熊本　〈補足〉①・②は順不同

❷　視点①（例）リサイクル飼料で食品ロスが減る。
　　視点②（例）堆肥やバイオマス発電に利用する。
　　視点③（例）土壌や水質が改善し，廃棄物が減る。
　　視点④（例）発電によるエネルギーを活用し，発電の燃料や畜産の飼料，肥料を自給できる。
　　結果　（例）環境への悪影響を減らし，新しい形で経済を活性化できるように工夫している。

本時のワークシート

単元を貫く学習課題　九州での環境問題の対策は，道徳面以外にどのようなよさがあるか

九州の農業

今日の目標 ▶ 九州の農業における環境保全の工夫について考えよう

❶ 九州地方の農業
　(1)温暖な気候を生かした農業
　　…宮崎のマンゴー，沖縄のパイナップルやさとうきび
　(2)九州の畜産
　　…肉用若鶏や豚は（①　　　　　）県や（②　　　　　）県，
　　肉用牛は（①）・（②）に加えて（③　　　　　）県が全国有数の生産地。

❷ 循環型農業にはどのような工夫があるか。
　下のフィッシュボーン図の①〜④の視点に考えを記入してから，工夫をまとめよう。

視点①　家畜の飼料　　　　視点②　家畜の糞尿

結果

視点③　環境の改善　　　　視点④　経済への影響

第5時 環境保全のためにどのような工夫が必要か考えよう

本時の目標

1 導入　ばい煙の空と死の海からよみがえったことから北九州への関心を高める

　北九州市がかつて「ばい煙の空」に覆われ，洞海湾が「死の海」と呼ばれていた頃の写真を提示する（写真は北九州市のホームページを参照）。**「汚染の原因は何か」**と尋ね，工場からの排水や排煙が原因であることを理解させる。その際，九州地方はいち早く工業が発展した地域であると，単元の導入で学んだことを振り返る。つづけて，現在の洞海湾と北九州市の空の写真を提示し，**「人々のどのような工夫によって環境は改善されたのか」**という問いを立てる。

2 展開　環境問題の解決のために行った工夫を資料から調べる

　北九州市のホームページを参考に，水質や大気の改善のために市民と行政，企業がどのような取組をしたのかを調べて，Ｙチャートの形でまとめる（ワークシートの❶）。つづけて，**「環境保全をすることで，企業にはどのような良い点があるか」**と問い，省エネルギーによって費用が軽減される効果があることを理解する。また，九州が「シリコンアイランド」や「カーアイランド」と呼ばれ，コンピューターや自動車関連の工場が進出していることを理解する（ワークシートの❸）。工業の種類の変化によっても，環境への負荷が減少していることを理解する。

> **見方・考え方を働かせるポイント ▶▶▶**
> 　小学校の社会科で用いる「人々の工夫」に関する視点を活用しながら，環境問題の解決策について，市民・行政・企業の３つの立場から多角的に考える。この３つの立場から考えることは，公民的分野の経済主体の理解や経済的な見方・考え方の育成にもつながる。

3 まとめ　九州地方でのエコタウンの広がりを理解する

　エコタウンの分布図か一覧表を示し，九州地方でエコタウン事業が多いことを読み取らせる。環境保全のためには，環境に配慮した地域の広がりが重要であることを理解させる。

ワークシートの解答例

❶　①（例）市民運動で，大気汚染の状況を調査して，市や企業に改善を求めた。
　　②（例）公害監視センターや廃棄物焼却工場を整備し，公害防止のために企業と協定を結んだ。
　　③（例）公害対策の設備をつくり，省資源・省エネルギーの技術を取り入れた。
❷　（例）材料や燃料の無駄が減って効率が良くなる
❸　①コンピューター　②自動車
❹　エコタウン

本時のワークシート

単元を貫く学習課題 ▶ 九州での環境問題の対策は，道徳面以外にどのようなよさがあるか

工業と環境問題

今日の目標 ▶ 環境保全のためにどのような工夫が必要か考えよう

❶ どのような人々の工夫によって，北九州の環境は改善されたのか。

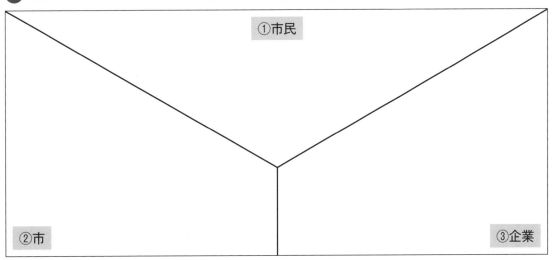

❷ 環境保全をすることで，企業が生産する上でどのような良い点があるか。

生産をするときに（　　　　　　　　　　　　　　　　　　　　　　　）という良い点がある。

❸ 九州の工業の変化
・（①　　　　　　　　　）関連の工場の増加→シリコンアイランド
・（②　　　　　　　　　）関連の工場の増加→カーアイランド

❹【まとめ】

北九州市の公害は市民・市・企業の工夫によって改善された。現在は，北九州市を含めて九州には（　　　　　　　　）事業を進める地域が広がっている。

日本の様々な地域

13 中国・四国地方

▶単元構想

単元の目標
○中国・四国地方に関する様々な資料を活用しながら，過疎・過密問題を主題にして，中国・四国地方の地域的特色や地域の課題を理解し，その知識を身に付ける。
○中国・四国地方について人口や都市・村落を中核として多面的・多角的に考察し，その過程や結果を適切に表現するとともに，過疎・過密問題の解決について判断する。
○中国・四国地方に対する関心を高め，人口の分布や都市・村落の立地と生活や産業の関連について考えるとともに，地域の課題としての過疎・過密問題の解決について意欲的に追究する。

単元を貫く学習課題
「適度な人口」という状態はあり得るのか

各時間の目標
1 中国・四国地方での過疎と過密の問題について関心を高めよう
2 都市の発展と過密の問題の関連を理解しよう
3 過疎化が地域をどのように変化させるか考えよう
4 馬路村で地域おこしが成功した秘密を探ろう
5 交通網の整備による人口の変化を資料から読み取ろう
6 「適度な人口」という状態はあり得るのか判断しよう

評価規準

知識・技能	思考・判断・表現	主体的に学習に取り組む態度
ア 都市の発展と都市圏の形成を人々の生活や産業の動向と関連付けて理解できる。 イ 交通網の整備によって人口の流出入や産業の変化が生じることを資料から読み取っている。	ア 過疎化により，地域社会の維持や伝統的な生活や文化の継承が課題になることについて考えている。 イ 過疎・過密問題など人口に関する問題の解決について，学習した内容を基に判断できる。	ア 中国・四国の人口分布や動態を意欲的に読み取り，過密・過疎の問題についての関心を高めている。 イ 過疎対策の地域おこしにおける地域的特色の活用について主体的に考えて関心を高めている。

▶単元の指導計画

時	ねらい	学習活動	○教師の指導　■評価
		「適度な人口」という状態はあり得るのか	
1	【中国・四国の概要】 人口分布や動態を意欲的に読み取り，過密・過疎の問題についての関心を高める。	中国・四国地方での過疎と過密の問題について関心を高めよう ・山陰，瀬戸内海沿岸，南四国で地形や気候が異なることを理解する。 ・中国・四国地方の人口分布と変化に偏りがあることを読み取る。	○人口の分布や偏在の視点から考え，関心を高めさせる。 ■態ア
2	【広島の過密問題】 都市の発展と都市圏の形成を人々の生活や産業の動向と関連付けて理解する。	都市の発展と過密の問題の関連を理解しよう（→ p.88） ・人口が集中した要因を分析する。 ・過密による問題が各都市に共通する面と，地形などに起因する地域の特殊性があることを理解する。	○過密の問題の解決について，多面的に考えさせる。 ■知ア
3	【山間部の過疎問題】 過疎化が進む地域で，地域社会の維持や伝統的な生活や文化の継承が課題になることについて考える。	過疎化が地域をどのように変化させるか考えよう ・自分の学校の生徒数が10分の1になったらどうなるか，自分の住む町で少子高齢化が進んで人口が減少するとどうなるかというシミュレーションから，過疎の影響について考えて問題点を理解する。	○過疎化の進行が産業を衰退させ，産業の衰退がさらなる過疎化を招くことを理解させる。 ■思ア
4	【過疎対策の地域おこし】 地域おこしにおける地域的特色の活用について主体的に考えて関心を高める。	馬路村で地域おこしが成功した秘密を探ろう（→ p.90） ・ゆずを利用した馬路村の地域おこしについて調べる。 ・馬路村の事例から，他の地域に生かすことができる工夫について考えさせる。	○地域おこしの難しさや課題についても理解させる。 ■思イ
5	【交通の整備による地域の変化】 交通網の整備によって人口や産業が変化することを資料から読み取る。	交通網の整備による人口の変化を資料から読み取ろう ・本州四国連絡橋を整備によって，通勤や通学がどのように変化したか，グラフから読み取らせる。 ・地方空港の課題について考えさせる。	○人の移動の活性化については，EUの学習内容を復習する。 ■知イ
6	【単元のまとめ】 過疎・過密問題など人口に関する問題の解決について，学習した内容を基に判断する。	「適度な人口」という状態はあり得るのか判断しよう ・人口の変化が生活や産業と関連することを理解し，過密や過疎の問題を解消するために必要なことについて考える。	○学習内容を基に，根拠をもって判断させる。 ■態イ

第2時 都市の発展と過密の問題の関連を理解しよう

本時の目標

1 導入　広島に人口が集中していることから学習課題をつかむ

　前時で取り上げた中国・四国地方の人口の分布図の中から広島県に注目させ，広島市周辺に人口が集中していることを確認する。その上で「なぜ県全体では人口が減少しているのに，広島市周辺に人口が集中するのか」と発問して，広島市に人口が集まる理由を分析する。

2 展開　過密によって生じる問題について考える

　広島市に人口が集中する理由について，かつての日本一の軍事都市，山陽新幹線と山陽自動車道，全国10番目の政令指定都市というキーワードとなる語句を提示し，それらのキーワードが人口の集中とどのように関連するか考えさせる。その上で「人口が増えるのは良いことに感じるが，どのような問題があるのか」と問い，交通，地価，公害というキーワードから過密の問題について考えさせる。

　なお，3つのキーワードから考えさせるため，教室の2列ごとに異なるテーマについて考え，全体で交流することで多面的に理解できるようにしても良い。また，広島市特有の課題として，市街地が三角州にあり，市街地の拡大が難しいことを補足する。

> **見方・考え方を働かせるポイント ▶▶▶**
> 過密の原因と過密の影響について，キーワードを明示して多面的に考えさせる。また，一般的に共通する課題と，広島市の特殊性という視点から考えることで見方・考え方を働かせる。

3 まとめ　過密の解決のための工夫を理解する

　過密の問題を解決するために，宅地開発や交通機関の整備を行う必要があることを説明する。そして，本時のまとめを記入して，過密が生じる原因や問題点など過密に関する知識を定着させる（ワークシートの❸）。

ワークシートの解答例

❶　①（例）古くから人の集まる場所で，製造業の工場が多くあるから。
　　②（例）交通の便が良く，仕事や学校で人々が集まるから。
　　③（例）中国・四国地方の経済の中心となり，大企業の支店などが集まるから。

❷　①（例）地価が上昇し，住むのが難しくなる。
　　②（例）鉄道での通勤・通学時の混雑や道路の渋滞が起きる。
　　③（例）ゴミ処理の問題や自動車の排気ガスによる大気汚染が起きる。

❸　①便利さ（利便性）　②過密　③不便

本時のワークシート

単元を貫く学習課題　「適度な人口」という状態はあり得るのか

広島の過密問題

今日の目標 ▶ 都市の発展と過密の問題の関連を理解しよう

❶ なぜ広島県全体では人口が減少しているのに，広島市周辺に人口が集中するのか。

側面	キーワード	人口が集中する理由
歴史	かつて日本一の軍事都市	①
交通	山陽新幹線 山陽自動車道	②
政治	全国10番目の政令指定都市	③

❷ 人口が増えると，どのような問題があるのか。

キーワード	発生する問題
地価	①
交通	②
都市型の公害	③

❸【まとめ】※①と③には，反対の意味の語句が入る

　広島では，（①　　　　　　　）という特色から人口の流入が増えているが，それによって（②　　　　　　）の状態になり，かえって（③　　　　　　）になっている。

第4時 馬路村で地域おこしが成功した秘密を探ろう

本時の目標

1 導入　馬路村の概要について調べる

　前時の広島市とは逆に，過疎化が進む地域として高知県の馬路村を取り上げる。馬路村の位置を掛図などで確認し，人口ピラミッドを用いて少子高齢化が進んでいることを理解させる。その上で，馬路村には一年間に30億円を売り上げる商品があることをポスターか実物を用いて紹介する。

2 展開　地域おこしの工夫について考える

　「馬路村で地域おこしが成功した秘密を探ろう」と発問し，ゆずを利用した馬路村の地域おこしについて調べる。資料としては，馬路村農協の商品パンフレットなどを活用する。デザイン性に優れ，商品の特徴に加え，村の様子や住民のことなども書かれているため，最適である。

　ペアや小グループで，パンフレットから読み取った商品の魅力を交流する。議論を通して，馬路村はゆず製品の質とアピールの工夫によって，地域そのもののブランド化に成功したことを理解させる。

> **見方・考え方を働かせるポイント ▶▶▶**
> 　馬路村の商品と産業との関連や，人々の工夫の視点から，分類し（ワークシートの❷），読み取ったことを統合して一般化する（ワークシートの❸）ことで，見方・考え方を働かせる。

3 まとめ　地域おこしのポイントと課題について理解する

　ワークシートの❸にまとめを記入させる。馬路村の地域おこしの事例から，過疎地であっても地域的特色を生かす工夫によって，産業の振興を図ることができると理解させる。

　その上で，地域おこしの課題として，馬路村の現在の人口を予想させ，人口の減少が続いていることを紹介する。また，他の過疎地において，特産品を簡単に開発できない点や，他の市町村との競争になり，地域おこしに苦労している点も取り上げ，過疎化の解決の困難さに関心を高めさせる。

ワークシートの解答例

❶　①つぼ　　②少子・高齢

❷　①（例）特産品のゆずを使用。ゆずが無農薬。ドリンクやポン酢，化粧品などゆず商品が豊富。
　　②（例）イラストや文字が個性的。パンフレットに村の話が書いてある。インターネット通販。

❸　（例）都会にはない過疎地の魅力や特産品の農作物

❹　減少した　〈補足〉895人（2018年6月時点）

本時のワークシート

単元を貫く学習課題 「適度な人口」という状態はあり得るのか

過疎対策の地域おこし

今日の目標 ▶ 馬路村で地域おこしが成功した秘密を探ろう

❶ 馬路村の人口ピラミッドを見ると、どのような状態か。
・年少人口が少なく、高齢者の割合が高い（①　　　　　　）型で、
　（②　　　　　　　　　　）化が進んでいる。

❷ 馬路村の商品の魅力をパンフレットから探ろう。

①商品の魅力	
②商品以外の魅力	

❸【まとめ】

馬路村では（　　　　　　　　　　　　　　　　　　　）を生かすことで、過疎化の対策に成功した。

❹ 過疎化対策の難しさ
　馬路村の人口は、ゆずジュースを開発した時に1300人ほどだった。村の人口は、現在どのように変化したか予想しよう。
　　　　　　　　　　｛　増加した　　ほぼ変化なし　　減少した　｝

日本の様々な地域

14 近畿地方

▶単元構想

単元の目標

○近畿地方に関する様々な資料を活用しながら，文化や開発の歴史を主題にして，近畿地方の地域的特色や地域の課題に過去からの連続性があることを理解し，その知識を身に付ける。

○近畿地方について歴史が地理的特色に与える影響を中核として多面的・多角的に考察し，その過程や結果を適切に表現するとともに，地域のあるべき姿について判断する。

○近畿地方に対する関心を高め，都市や産業，生活・文化の特色と歴史の関連について考えるとともに，地域の課題としての文化の保全について意欲的に追究する。

単元を貫く学習課題

かつて「天下の台所」があった近畿地方を，現在は何と呼ぶべきか

各時間の目標

1	歴史を通して近畿への関心を高めよう
2	伝統的な街並みを守ることの良さについて考えよう
3	近畿の工業の特色について資料から読み取ろう
4	近畿の経済の歴史的な背景について理解しよう
5	琵琶湖の環境はどのように変化しているか考えよう
6	歴史と現在の生活や文化，産業の関連性をまとめよう

評価規準

知識・技能	思考・判断・表現	主体的に学習に取り組む態度
ア 近畿の工業の特色について，地図と統計資料から内容を読み取っている。 イ 近畿の商業や農業の歴史的な背景について，歴史で学習した内容と関連付けながら理解している。	ア 伝統的な街並みを守ることの意義について考えている。 イ 琵琶湖の環境の変化の経緯とその要因について資料を活用して考えている。	ア 近畿地方の地域的特色と歴史の関連性についての関心を高めている。 イ 近畿地方における歴史と現在の生活や文化，産業の関連性について主体的に考えた内容を意欲的にまとめている。

▶単元の指導計画

時	ねらい	学習活動	○教師の指導　■評価
		かつて「天下の台所」があった近畿地方を，現在は何と呼ぶべきか	
1	【近畿の概要】近畿地方の地域的特色と歴史の関連性についての関心を高める。	歴史を通して近畿への関心を高めよう（→p.94） ・近畿地方の地形や気候について調べる。 ・歴史的分野で学習した内容から，近畿地方に関する語句を選択する。 ・単元を貫く学習課題に対する予想を記入する。	○日本の政治・経済・文化の中心地としての役割を果たしてきたことに気付かせる。 ■態ア
2	【京都のまちづくり】伝統的な街並みを守ることの意義について考える。	伝統的な街並みを守ることの良さについて考えよう（→p.96） ・京都の世界遺産と文化財が豊富にあることを理解する。 ・京町家の修繕や景観整備条例について，PMIシートを用いて考える。	○観光を通した他地域との結び付きについて考えさせる。 ■思ア
3	【近畿地方の工業】近畿の工業の特色について，地図と統計資料から内容を読み取る。	近畿の工業の特色について資料から読み取ろう ・日本の工業地帯・工業地域の特色の違いについてグラフを比較して理解する。 ・阪神工業地帯の地位の移り変わりについて資料から読み取る。	○阪神工業地帯が，グローバル化に伴う産業の空洞化の影響を受けていることに着目させる。 ■知ア
4	【大阪の経済の変化】近畿の商業や農業の歴史的な背景について，歴史で学習した内容と関連付けながら理解する。	近畿の経済の歴史的な背景について理解しよう ・第1時で振り返った近畿地方の歴史から，商業や流通に関する内容を選び出す。 ・大阪で卸売業が盛んなことを調べ，歴史との関係性について考える。 ・近畿地方の農業について資料から調べる。	○商業の推移について考えさせ，伝統が文化に加えて経済にも影響することを理解させる。 ■知イ
5	【琵琶湖の開発と環境保全】琵琶湖の環境の変化の経緯とその要因について考える。	琵琶湖の環境はどのように変化しているか考えよう ・琵琶湖の水質の変化について，写真と統計資料から理解する。 ・琵琶湖の環境の変化によって生活や産業にどのような変化が生じたか考える。	○琵琶湖の自然環境と人々の生活の相互依存関係に着目させる。 ■思イ
6	【単元のまとめ】近畿地方における歴史と現在の生活や文化，産業の関連性についてまとめる。	歴史と現在の生活や文化，産業の関連性をまとめよう ・近畿地方における歴史と現在の地域的特色の関連性について考え，表にまとめ，今後の変化を予測する。 ・単元を貫く学習課題の答えをまとめる。	○地理的な事象の連続性に着目して学習内容をまとめるように促す。 ■態イ

第1時 歴史を通して近畿への関心を高めよう

本時の目標

1 導入　歴史で学習した地域が多いことに気付く

近畿地方の地形と気候について地図帳や教科書の地図やグラフを活用しながら調べる（ワークシートの❶と❷）。その上で，大阪や京都，奈良など歴史で何度も登場した地名が多いことに気付かせた上で，「歴史で学んだ内容の中から，近畿地方に関係する語句を見つけよう」と問いかける。

2 展開　歴史で学習した内容から近畿地方に関係する語句を見つける

古墳，飛鳥，奈良，平安，鎌倉，室町，安土桃山，江戸の各時代を小グループに1つずつ割り当て，各時代の内容から近畿地方に関係する語句を調べさせる。歴史のノートか教科書を用意させると良い。調べた内容を交流し，近畿地方と歴史の関わりの深さについて実感させる。

> **見**方・考え方を働かせるポイント ▶▶▶
> 歴史的に形成された場所という地域の特殊性の視点や，地域の連続性の視点に着目させる。

3 まとめ　歴史の面から近畿地方への関心を高める

「他の地方ならこれほどたくさんの語句が見つかるだろうか」と問いかけて近畿地方への関心を高めさせる。さらに，生徒が調べた語句の中から「天下の台所」を取り上げて，単元を貫く学習課題を紹介し，予想として現時点での考えを別紙に記入させる。

ワークシートの解答例

❶　略　❷　①日本海側　②冬　③瀬戸内　④少ない　⑤太平洋側　⑥夏

❸　（例）古墳時代…大仙古墳など多数の古墳，大和政権，近畿の豪族，大王，須恵器の出土　など
　　　　　飛鳥時代…聖徳太子の政治，法隆寺，大化の改新，壬申の乱，律令，藤原京　など
　　　　　奈良時代…平城京，聖武天皇の政治，鑑真，東大寺，正倉院，興福寺，和同開珎　など
　　　　　平安時代…長岡京，平安京，桓武天皇の政治，藤原氏の摂関政治，国風文化，武士の警備，
　　　　　　　　　　白河上皇の院政，保元の乱，平治の乱，平清盛の政治，大輪田泊　など
　　　　　鎌倉時代…後鳥羽上皇，六波羅探題，東大寺南大門，金剛力士像，新古今和歌集　など
　　　　　室町時代…建武の新政，南北朝時代，室町幕府，応仁の乱，自治，一揆，室町文化　など
　　　　　安土桃山時代…織田信長の政治，楽市・楽座，豊臣秀吉の政治，桃山文化　など
　　　　　江戸時代…大阪の陣，京都所司代，天下の台所，元禄文化　など　〈補足〉開国以降は除く

❹　かつて「天下の台所」があった近畿地方を，現在は何と呼ぶべきか
　　〈補足〉単元を貫く学習課題の予想は別紙に記入する。

本時のワークシート

近畿の概要

今日の目標 ▶ 歴史を通して近畿への関心を高めよう

❶ 近畿地方の主な地形の位置を地図で調べよう。

中国山地　丹波高地　紀伊半島　大阪平野　京都盆地　奈良盆地
淡路島　大阪湾　若狭湾　伊勢湾　淀川　琵琶湖

❷ 近畿地方の気候を確認しよう。

(1)北部
…（①　　　　　　　）の気候で（②　　　　　）に降水量が多い。

(2)中央部
…（③　　　　　　　）の気候で温暖で，年間降水量が（④　　　　　　）。

(3)南部
…（⑤　　　　　　　）の気候で温暖，（⑥　　　　　）に降水量が多い。

❸ 歴史の内容から近畿地方に関する語句を見つけよう。

時代	語句

❹ 単元を貫く学習課題の答えの予想を考えよう。

◀ 単元を貫く学習課題 ▶

第2時 本時の目標 伝統的な街並みを守ることの良さについて考えよう

1 導入　京都に文化財が多いことをクイズで理解する

前時の内容を振り返り，近畿地方の歴史的な語句の中から，京都市に関するものを口頭で答えさせる。その上で，京都にたくさんの国宝があることをクイズ形式で確認する。

2 展開　景観保全のための取組を評価する

「京都では伝統的な文化を守るためにどのような工夫をしているのだろうか」と発問し，京町家を維持する方法と屋外の看板などの制限について，実際の写真を提示する。それらの取組について，PMIシートを使って評価をする（ワークシートの❷）。シートに記入後，その内容を全体で交流し，京都市における伝統的な街並みを保全するための努力と課題について共通理解を図る。なお，PMIシートとは，思考ツールの1つである事柄について，評価できる点（P），改善点（M），興味深い点（I）から分析するものである。思考を整理して，論理的に評価できる良さがある。

見方・考え方を働かせるポイント ▶▶▶

位置や空間的な広がりの視点から，導入では京都で伝統的な街並みが広がっている理由について考える。また，展開では事象と人々の相互関係の視点から，伝統的な街並みを維持する工夫について考え，まとめでは因果関係に注目して歴史や文化と産業の関係について考える。

3 まとめ　景観保全と産業との関係性を理解する

京都府を訪れる観光客の多さをクイズで理解し（ワークシートの❸），文化財の保護と観光産業の因果関係について考える。学習した内容を基にまとめを記入する（ワークシートの❹）。

ワークシートの解答例

❶　ウ　〈補足〉アは1都道府県当たりの平均件数。イは奈良市の件数。エは全国の国宝の総数。

❷　①（例）補助がある。独特の文化や景観が守られた。歴史を感じることができる。
　　②（例）地震や猛暑の時に不安。自由に外観を変えることができない。維持・修理の負担。
　　③（例）夏でも涼しく過ごすことができる。観光客向けの店に利用している。
　　④（例）京都の街並みと調和している。
　　⑤（例）自由に出店したりアピールしたりできない。チェーン店はわかりづらくなる。
　　⑥（例）チェーン店の看板のロゴや店の色合いが違うのは珍しいから面白い。

❸　エ　〈補足〉アは京都市の人口，イは京都市の外国人の年間宿泊者数，ウは全体の宿泊者数。

❹　（例）京都は工夫によって伝統的な街並みを守り，多くの観光客が訪れる観光都市となっている。

本時のワークシート

単元を貫く学習課題 かつて「天下の台所」があった近畿地方を，現在は何と呼ぶべきか

京都のまちづくり

今日の目標 ▶ 伝統的な街並みを守ることの良さについて考えよう

❶ 京都市の国宝の数は？　　　　　　　　　　　　　　　　　　　答え（　　　）
　ア　24件　　イ　132件　　ウ　212件　　エ　1110件

❷ 京都の文化を守る工夫を評価しよう。

	評価できる点（P）	改善すべき点（M）	興味深い点（I）
京町家	①	②	③
屋外の看板などの制限	④	⑤	⑥

❸ 京都市に一年間に訪れる観光客の数は何人か。　　　　　　　　　答え（　　　）
　ア　約150万人　　イ　約320万人　　ウ　約1400万人　　エ　約5500万人

❹ 京都で伝統的な街並みを守ることの良さについて，産業との関わりに注目してまとめよう。

日本の様々な地域

15 中部地方

▶単元構想

単元の目標
- ○中部地方に関する様々な資料を活用しながら，産業の発展を主題にして，中部地方の地域的特色や地域の課題と産業の関連性を理解し，その知識を身に付ける。
- ○中部地方について産業と自然環境や社会環境の相互関係を中核として多面的・多角的に考察し，その過程や結果を適切に表現するとともに，産業の振興の要因について判断する。
- ○中部地方に対する関心を高め，自然的・社会的条件が産業に与える影響について考えるとともに，地域の課題としての産業の振興について意欲的に追究する。

単元を貫く学習課題
中部地方にはなぜ生産額日本一の県が数多くあるのか

各時間の目標
1	中部地方の自然と産業についての関心を高めよう
2	東海地方の工業が日本有数である理由を考えよう
3	東海地方の農業や漁業を他の地域と比べよう
4	中央高地の産業の特色を自然環境と関連付けて理解しよう
5	北陸地方の産業と自然の関係を理解しよう
6	中部地方の産業の特色を地図にまとめよう

評価規準

知識・技能	思考・判断・表現	主体的に学習に取り組む態度
ア 中部地方の産業の特色について，自然環境の影響に注目しながら理解している。 イ 北陸地方の産業について，自然環境や歴史と関連付けながら理解している。	ア 東海地方でさかんな工業の種類と地域的広がりについて，社会的条件と関連付けて考えている。 イ 東海地方の農業や漁業の特色を，他の地域と比較しながら考えている。	ア 中部地方の自然と産業についての関心を高め，意欲的に地域的特色を追究しようとしている。 イ 中部地方の産業の特色を主題にした地図を意欲的にまとめている。

▶単元の指導計画

時	ねらい	学習活動	○教師の指導 ■評価
	\multicolumn{3}{l}{中部地方にはなぜ生産額日本一の県が数多くあるのか}
1	【中部地方の概要】中部地方の自然と産業についての関心を高め，意欲的に地域的特色を追究する。	中部地方の自然と産業についての関心を高めよう ・中部地方の地域区分（東海・中央高地・北陸）や地形，気候について調べる。 ・中部地方は産業がさかんな地域であることを理解し，単元を貫く学習課題に対する予想を記入する。	○統計資料を活用し，工業製品や農作物，漁業の水揚げ量の1位が多いことに気付かせる。 ■態ア
2	【東海地方の工業】東海地方でさかんな工業の種類と地域的広がりについて，社会的条件と関連付けて考える。	東海地方の工業が日本有数である理由を考えよう（→ p.100） ・中京工業地帯と東海工業地域の工業の分布について調べる。 ・東海地方で工業がさかんな理由を自然環境や社会的条件と関連付けながら考える。	○なぜ大企業が進出したのかという理由に着目させる。 ■思ア
3	【東海地方の農業と水産業】東海地方の農業や漁業の特色を，他の地域と比較して考える。	東海地方の農業や漁業を他の地域と比べよう（→ p.102） ・東海地方の農業の特色を，品質や設備，交通などの視点から他地域と比べて特色を考える。 ・焼津の遠洋漁業の特色について調べる。	○第一次産業の発展に影響している条件を考えさせる。 ■思イ
4	【中央高地の産業】中部地方の産業の特色について，自然環境の影響に注目しながら理解する。	中央高地の産業の特色を自然環境と関連付けて理解しよう ・中央高地の農業の特色について，気候や地理的な位置に着目させて考える。 ・中央高地の工業がヨーロッパのスイスと並べられる理由について考える。	○かつての養蚕業からの産業の転換に着目させる。 ■知ア
5	【北陸地方の産業】北陸地方の産業について，自然環境や歴史と関連付けながら理解する。	北陸地方の産業と自然の関係を理解しよう ・北陸地方で水田単作地帯が分布することと地場産業がさかんなことを，自然条件に着目して考える。 ・地場産業の変化について関心を高める。	○雪が産業に与える影響に注目させるため，雨温図を活用する。 ■知イ
6	【単元のまとめ】中部地方の産業の特色を主題にした地図を意欲的にまとめる。	中部地方の産業の特色を地図にまとめよう ・東海地方，中央高地，北陸地方について学習した内容を，産業を主題とする地図にまとめる。 ・単元を貫く学習課題の答えをまとめる。	○教科書などの統計資料を活用しながら主題図を作成する。 ■態イ

第2時 本時の目標 東海地方の工業が日本有数である理由を考えよう

1 導入　製品から東海地方の工業について関心を高める

　東海地方に工場がある著名な企業の商品の写真を提示し，クイズで「この製品をつくっているのは何という企業か」と問う。具体的には，トヨタの自動車とヤマハのピアノ・オートバイ，日本製紙のティシューなどが良い。問題の難度を上げるならば，トヨタのミシンも良い。

2 展開　東海地方で工業がさかんな理由について考える

　クイズの後に「東海地方のどこにそれらの企業の工場が広がっているか」と問い，分布を調べる（ワークシートの❷）。その後に「なぜ東海地方に工場が数多く分布しているのか」と問う。位置や自然環境，他の施設との関係性などに着目しながら考えさせる（ワークシートの❸）。そして，輸出・輸入に便利な港が多いこと，製造業の原材料となる製鉄所や石油化学コンビナートがあること，自動車やオートバイでは組立工場と関連工場が地域全体に広がっていること，製紙・パルプ工業では富士山の水資源を生かしていることなどを理解する。なお，今回は表に理由を記入する形にしているが，九州の農業で用いたフィッシュボーン図を使う方法もある。

> **見方・考え方を働かせるポイント ▶▶▶**
> 　展開の前半では，東海地方の工業の種類ごとの分布という位置に関する視点から，地域的特色について考えさせる。展開の後半では，自然的・社会的条件の因果関係の視点から工業がさかんな理由を考えさせる。

3 まとめ　東海地方の工業について自然的・社会的条件に注目してまとめる

　「東海地方の工業が日本有数の理由は…」という書き出しで東海地方の工業についてまとめる（ワークシートの❹）。この活動を通して，日本有数の工業地帯が広がる理由を理解させる。

ワークシートの解答例

❶　略

❷　①中京　②自動車　③瀬戸　④東海　⑤オートバイ　⑥ピアノ　⑦製紙

❸　①（例）名古屋港などの港が整備され，原料や燃料の輸入と，製品の輸出に適しているから。
　　②（例）製鉄所や石油化学コンビナートがあるから。
　　③（例）自動車では部品と組立の工場が集まっているから。
　　④（例）製紙業では富士山麓の水，ファインセラミックスでは陶磁器の技術を利用できるから。

❹　（例）輸送や原材料に適し，工場の集中と連携に成功し，自然環境や伝統を生かしているから。

本時のワークシート

単元を貫く学習課題 中部地方にはなぜ生産額日本一の県が数多くあるのか

東海地方の工業

今日の目標 ▶ 東海地方の工業が日本有数である理由を考えよう

❶ この製品をつくっているのは何という企業か。

❷ 東海地方のどこにそれらの企業の工場が広がっているか。
 (1)（①　　　　　）工業地帯
  ・豊田市や名古屋市…（②　　　　　）工業
  ・（③　　　　　）市や多治見市…陶磁器やファインセラミックス
 (2)（④　　　　　）工業地域
  ・浜松市や磐田市…（⑤　　　　　　　）や楽器の（⑥　　　　　）
  ・富士市…（⑦　　　　　）・パルプ工業

❸ なぜ東海地方に工場が数多く分布しているのか。

輸送に注目すると…	①
鉄や石油に注目すると…	②
工業同士のつながりに注目すると…	③
自然環境や伝統に注目すると…	④

❹【まとめ】

東海地方の工業が日本有数の理由は，

第3時 東海地方の農業や漁業を他の地域と比べよう

本時の目標

1 導入　電照菊の写真から東海地方の農業の特色をつかむ

　電照菊の栽培について，最初は外観の写真を提示し「何を栽培しているのか」と尋ねる。その上で内部の写真を見せ，菊の花を栽培していることを理解させる。電照菊と呼ぶことを伝えた上で「なぜ電照菊の栽培では，電気代を使ってまで，開花の時期をコントロールするのか」と発問する。仏花である菊を，一年中安定して供給できることが農業の強みとなることを理解させる。実際，愛知県の菊の出荷額は，一年間を通して30％ほどのシェアをもつ。

2 展開　東海地方の農業の特色を九州地方と比較する

　「東海地方の農業の強みは何か。九州地方と比べよう」と発問し，すでに学習済みの九州地方の農業と比較させる。まず，九州地方の農業の特色について，ワークシートやノートを参考に記入させる。次に，東海地方の農業の特色について，教科書や地図帳を参考に調べ，ワークシートのベン図にまとめる。この活動を通して，東海地方の農業の特色を，品質や設備，交通などの視点から，九州地方と比べて特色を理解できる。ベン図に記入させる際には，生産のさかんな農作物や，農業における工夫など，どのような内容を記入すべきか明示する。

> **見方・考え方を働かせるポイント ▶▶▶**
> 　自然的・社会的条件の視点から，他地域との相違点を比較しながら，東海地方の農業の特色について考えることで，見方・考え方を働かせる。

3 まとめ　農業の特色についてまとめる

　ベン図の重なり合う箇所に記入する内容を考える（ワークシート❷③）。九州地方も東海地方も，自然環境に加えて様々な技術を利用しながら農業を進めていることが理解できる。
　また，農業だけではなく，焼津の遠洋漁業を代表に漁業がさかんであることも理解させる。時間に余裕がある場合は，漁業でも三大都市圏への近さが利点になることを理解させる。

ワークシートの解答例

❶（例）一年間を通じて安定して生産できるから信頼される。
　〈補足〉沖縄県や東北地方の電照菊の場合は，気候の特色を生かし，出荷が端境期に集中する。

❷　①（例）循環型農業。肉牛や鶏，豚などの畜産。さつまいも。
　　②（例）促成栽培。名古屋の周辺であり，大阪・東京とも近い。
　　③（例）最新の技術の利用。温暖な気候を生かす。みかんや茶の栽培。

❸　①遠洋

本時のワークシート

単元を貫く学習課題 ▶ 中部地方にはなぜ生産額日本一の県が数多くあるのか

東海地方の農業と水産業

今日の目標 ▶ 東海地方の農業や漁業を他の地域と比べよう

❶ なぜ電照菊の栽培では、電気代を使ってまで、開花の時期をコントロールするのか。

❷ 東海地方の農業の強みは何か。

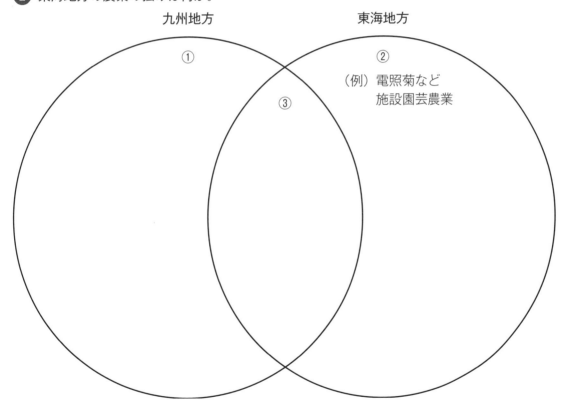

❸【補足】東海地方は漁業もすごい！〜焼津港が日本有数の理由〜

・(①　　　　　　) 漁業の基地…まぐろやかつおなどを求めて世界へ

日本の様々な地域

16 関東地方

▶単元構想

単元の目標
○関東地方に関する資料を活用しながら,交通・通信の集中を主題にして,関東地方の地域的特色や地域の課題と交通・通信の関連性を理解し,その知識を身に付ける。
○関東地方について,交通・通信を中核として産業や人口などと関連付けながら多面的・多角的に考察し,その過程や結果を適切に表現するとともに,地域の課題の解決の方法について判断する。
○関東地方に対する関心を高め,自然的・社会的条件が交通・通信に与える影響について考えるとともに,グローバル化への対応について意欲的に追究する。

単元を貫く学習課題
なぜ関東地方は日本国内や外国との結び付きが強いのか

各時間の目標

1	関東地方と他地域の結び付きについて関心を高めよう
2	東京が政治・経済・文化の中心である理由について考えよう
3	東京の過密の問題を他の都市と比べよう
4	関東地方で生産される製品の特色を理解しよう
5	関東地方の国際化の進展を資料から読み取ろう
6	関東地方の発展を日本全体に広げる工夫について考えよう

評価規準

知識・技能	思考・判断・表現	主体的に学習に取り組む態度
ア 関東地方の工業生産の特色を,他地域との結び付きから理解している。 イ 関東地方における国際化の進展について,交通や通信の視点から理解している。	ア 東京が政治・経済・文化の中心としての役割を果たしている理由について考えている。 イ 関東地方の人々の移動による結び付きの特色を,他の都市と比較しながら考えている。	ア 関東地方の交通や通信についての関心を高め,意欲的に地域的特色を追究しようとしている。 イ 関東地方が他地域へ与える影響について,関心をもって主体的に考えようとしている。

▶単元の指導計画

時	ねらい	学習活動	○教師の指導 ■評価

なぜ関東地方は日本国内や外国との結び付きが強いのか

時	ねらい	学習活動	○教師の指導 ■評価
1	【関東地方の概要】関東地方の交通や通信についての関心を高め,意欲的に地域的特色を追究する。	関東地方と他地域の結び付きについて関心を高めよう ・関東地方の地形や気候について調べる。 ・空路の利用者数,新幹線の本数,県別貿易額などで関東地方が上位を占めることを資料から読み取って理解する。 ・単元を貫く学習課題の予想を記入する。	○東京だけではなく関東地方全体として,他地域との結び付きが強いことを理解させる。 ■態ア
2	【東京の機能】東京が政治・経済・文化の中心としての役割を果たしている理由について考える。	東京が政治・経済・文化の中心である理由について考えよう（→ p.106） ・政治,経済,文化の中心としての機能について施設の分布や統計から調べる。 ・消費地として,陸運や海運によって全国の消費地と結び付くことを理解する。	○外国の首都と比較しながら,東京の特殊性を理解させる。 ■思ア
3	【東京大都市圏と開発】関東地方の人々の移動による結び付きの特色を,他の都市と比較しながら考える。	東京の過密の問題を他の都市と比べよう（→ p.108） ・東京の昼間人口と夜間人口を比較する。 ・同様に過密の状態にあり,既習事項でもある広島とソウルの例と比較する。 ・過密対策としての周辺地域の開発について理解する。	○都市の過密に一般的に共通する点と,東京の特殊性を理解する。 ■思イ
4	【関東地方の工業】関東地方の工業生産の特色を,他地域との結び付きから理解する。	関東地方で生産される製品の特色を理解しよう ・京浜工業地帯,京葉工業地域,北関東工業地域の主要な生産品について調べる。 ・北関東工業地域について,外国人労働者と輸送の視点から特色を理解する。	○産業構造の変化やグローバル化の進展の視点から考察させる。 ■知ア
5	【関東地方の国際化】関東地方における国際化の進展について,交通や通信の視点から理解する。	関東地方の国際化の進展を資料から読み取ろう ・東京オリンピックに向けての施設や制度,準備の様子について資料から理解する。 ・関東地方が東京オリンピックの後に,どのように変化するか予測する。	○写真や映像資料を活用しながら,外国との結び付きに注目させる。 ■知イ
6	【単元のまとめ】関東地方が他地域へ与える影響について関心をもって主体的に考える。	関東地方の発展を日本全体に広げる工夫について考えよう ・目黒区のさんまの祭りを通した他地域とのつながりを参考にして,東京に様々な物や人が集中する機能を生かして,他地域と積極的に交流する方法を考える。	○交通や通信による地域の枠組みを超えた連携に着目させる。 ■態イ

第2時 本時の目標　東京が政治・経済・文化の中心である理由について考えよう

1 導入　東京に関する知識の豊富さを自覚する

　東京に関する山手線ゲーム（生徒が順番に，東京に関する語句を1つずつ述べていく）を行う。ゲームを終えてから「（現在暮らす地域を除く）他の地方なら，これほどゲームが続くだろうか」と問いかけ，東京に関する情報は，他の地域より比較的多く入ってくることを実感させる。つづけて，「なぜ私たちは，東京のことをこれほどたくさん知っているのか」と問いかける。生徒から「東京が日本の首都だから」などの意見が出るので，その意見を生かして展開へ移る。

2 展開　根拠と結論の妥当性について吟味する

　「東京にはどのような施設や機関があるのか」と問い，教科書や地図帳から施設の分布について調べる。その上で，「これらの資料から『東京が政治・経済・文化の中心である理由は，首都だからである』と結論付けるのは正しいか」と問う。首都の定義を確認し，地図帳などから他の国の首都の人口と比較する。そのような思考の過程を通して，人口が最も多く，経済的に発展している都市が，必ずしも首都となるわけではないことを理解できる。

　つづけて，第1時で扱った交通網について振り返る。東京が大消費地として，陸運や海運によって全国と結び付くとともに，人の多さが企業や文化的施設の進出を促すことを理解させる。

> **見方・考え方を働かせるポイント** ▶▶▶
> 　人口と都市としての機能の関係性の視点から，東京の地域としての特徴を考えることで見方・考え方を働かせる。とくに，因果関係に着目させ，根拠と結論の妥当性を吟味させる。

3 まとめ　東京の機能についてまとめる

　ワークシート❸の空欄を補充させ，首都としての機能をもつ政治の中心であると同時に，経済や文化の中心としても機能することを確認する。それによって，集中が集中を呼び，人口がさらに増加するとともに，世界的な情報の受信・発信機能をもつ特色があることを理解させる。

ワークシートの解答例

❶　①（例）国会議事堂，最高裁判所，総理大臣官邸，各中央省庁，各国の大使館，皇居
　　②（例）大企業の本社，銀行の本店
　　③（例）博物館，大学，放送局や新聞社

❷　（例）正しくない。理由は，他の国では経済の中心が首都以外の都市の場合もあるから。

❸　①政治　②経済　③文化　④交通網

本時のワークシート

単元を貫く学習課題 ▶ なぜ関東地方は日本国内や外国との結び付きが強いのか

東京の機能

今日の目標 ▶ 東京が政治・経済・文化の中心である理由について考えよう

❶ 東京にはどのような施設や機関があるか調べよう。

①政治に関する機関	
②経済に関する施設	
③文化に関する施設・機関	

❷ 「東京が政治・経済・文化の中心である理由は，首都だからである」と結論付けるのは正しいか。

{　正しい　正しくない　}

【理由】

❸【まとめ】

東京には，首都としての（①　　　　　　　）の機能が集中する。大企業の本社など（②　　　　　　）の中心としての機能や，放送局や博物館など（③　　　　　　）の中心としての機能もある。その結果，（④　　　　　　）の中心として，日本国内や世界と結び付いている。

第3時 本時の目標 東京の過密の問題を他の都市と比べよう

1 導入　東京の過密の問題について理解する

統計資料から，東京の狭い面積に多くの人が集まっていることを確認した上で，「どのような問題が起きるか」と問い，過密の問題が起きることに気付かせる（ワークシートの❶）。また，東京大都市圏が拡大し，交通網の発達とともに渋滞などの問題が悪化していることを理解する。

2 展開　東京の過密の問題について他の都市と比較して考える

「東京の過密は，他の地域の過密と比べるとどのような特色があるのか」と問い，まずは教科書や地図帳の資料を使って昼間人口と夜間人口を比較することで，周辺からの通勤・通学が多いという東京の特色を理解する（ワークシートの❷(1)(2)）。つづけて，既習事項である広島市と韓国のソウル特別市の人口や面積と比較し，都市における過密問題の共通点を理解する（ワークシートの❷(3)）。

過密の問題を理解した上で，地図帳などを使い，さいたま市や千葉市，横浜市の開発や都心の再開発の事例を紹介する。それらの過密対策の事例を通して，都心への企業の集中や地価の高騰を抑えながら，関東地方全体で経済が発展するという，関東地方に特徴的に見られる事象を理解する。

見方・考え方を働かせるポイント ▶▶▶
人の移動や分布という視点から，過密の原因や対策について考えることで見方・考え方を働かせる。また，他の都市と比較という視点から，一般的な共通性と特殊性について考えさせる。

3 まとめ　キーワードを使って東京の都市圏の拡大について考えをまとめる

学習内容を振り返って，東京における人口の問題と都市圏の拡大についてまとめさせる。その際，「過密」と「開発」という本時のキーワードを必ず用いるように条件を付ける。

ワークシートの解答例

❶　過密

❷　(1)（例）東京周辺の昼間人口は夜間人口より多く，3倍以上になるところもある。
　　(2)（例）比較的地価の安い，東京周辺からの通勤や通学が多いから。
　　(3)（例）東京は広島以上に過密が進んでいて，世界ではソウルと同様の状態にある。

❸　（例）東京を中心とした地域は，通勤や通学のために人が集まり，世界有数の過密状態にある。過密の問題に対応するため，都市機能の移転など周辺の開発や，中心部の再開発が進んだ。

本時のワークシート

単元を貫く学習課題 なぜ関東地方は日本国内や外国との結び付きが強いのか

東京大都市圏と開発

今日の目標 ▶ 東京の過密の問題を他の都市と比べよう

❶ 下の表を見ると，東京にはどのような問題が生じる可能性があるか。（　　　　　　　　）

	人口（人）	面積（km²）	人口密度（人／km²）
東京23区	9,508,776	627	15,170

❷ 東京の過密の特色について考えよう。

(1)東京の昼間人口と夜間人口を比べると，どのような特徴があるか。

(2)なぜ(1)のような特徴があるのか。前の時間の内容を参考に考えよう。

(3)下の表を参考に他の都市と比べると，東京にはどのような特徴があるか。

	人口（人）	面積（km²）	人口密度（人／km²）
広島市	1,196875	907	1,320
ソウル特別市	9,904,312	605	16,365

❸【まとめ】東京における人口の問題と都市圏の拡大について，「過密」「開発」という語句を使ってまとめよう。

日本の様々な地域

17 東北地方

▶ 単元構想

単元の目標

○東北地方に関する資料を活用しながら，東北地方における人口の変動を主題にして，東北地方の地域的特色や東日本大震災からの復興への課題を理解し，その知識を身に付ける。

○東北地方について人口や都市・村落を中核として産業や交通・通信などと関連付けながら多面的・多角的に考察し，その過程や結果を適切に表現するとともに，東日本大震災からの復興の方向性について判断する。

○東北地方に対する関心を高め，自然災害や社会の変化が地域に与える影響について考えるとともに，持続可能な社会づくりについて意欲的に追究する。

単元を貫く学習課題

東北地方は東日本大震災によってどのように変化しているのか

各時間の目標

1 東日本大震災による人口の変化について調べよう
2 復興後に人口が減ると予測される原因について理解しよう
3 東北地方の魚の流通量が減少した理由について考えよう
4 震災後の交通網の整備や復旧の役割について地図から読み取ろう
5 復興と東北の祭りの関連性について関心を高めよう
6 復興を通して東北地方がどのように変化しているのか判断しよう

評価規準

知識・技能	思考・判断・表現	主体的に学習に取り組む態度
ア 震災復興後に東北地方の人口が減ると予測される原因について理解している。 イ 震災後の道路や鉄道の整備や復旧の役割について地図から読み取ることができる。	ア 東北地方の魚の流通量の変化の原因について多面的・多角的に考えている。 イ 学習内容を元に，復興による東北地方の変化の方向性について判断している。	ア 東日本大震災による人口の変化について資料から意欲的に読み取ろうとしている。 イ 東北地方の伝統的な祭りが震災復興に果たす役割について主体的に考えようとしている。

▶単元の指導計画

時	ねらい	学習活動	○教師の指導　■評価

東北地方は東日本大震災によってどのように変化しているのか

時	ねらい	学習活動	○教師の指導　■評価
1	【東北地方の概要】東日本大震災による人口の変化について資料から意欲的に読み取る。	東日本大震災による人口の変化について調べよう ・東北地方の主な地形と気候について調べる。 ・東日本大震災の被害について確認する。 ・東日本大震災後の東北地方の人口の変化についてグラフと分布図から読み取る。	○統計資料と写真，映像を活用しながら，人口の減少や増加の理由について考えさせる。 ■態ア
2	【東北地方の人口】震災復興後に東北地方の人口が減ると予測される原因について理解する。	復興後に人口が減ると予測される原因について理解しよう ・東北地方の人口の推移のグラフから，2020年代から人口の減少が予測されていることを理解し，その原因について考える。 ・復興に土木や建設など多くの産業が関わることを理解する。	○中国・四国地方で学習した過疎の問題を思い出させる。 ■知ア
3	【東北地方の産業】東北地方の魚の流通量の変化の原因について多面的・多角的に考える。	東北地方の魚の流通量が減少した理由について考えよう（→p.112） ・震災後の東北の魚の流通量が減少した理由について，漁業，加工業，流通，消費などの面から考える。 ・他の産業の事例について関心をもつ。	○表を活用し，多面的・多角的に考察させる。 ■思ア
4	【東北地方の交通網】震災後の道路や鉄道の整備や復旧の役割について地図から読み取る。	震災後の交通網の整備や復旧の役割について地図から読み取ろう ・地図の比較から，震災前後の交通網の変化について情報を読み取る。 ・統計資料から，東北における交通量の変化について情報を読み取る。	○交通網の復旧と整備が震災からの復興に果たす役割を理解させる。 ■知イ
5	【東北地方の文化】復興と東北の祭りの関連性について関心を高める。	復興と東北の祭りの関連性について関心を高めよう（→p.114） ・東北の伝統的な祭りの由来について資料から読み取る。 ・観光との関わりから，東北の祭りが復興に果たす役割を理解する。	○風評被害による国内外の観光客の減少について資料を提示する。 ■態イ
6	【単元のまとめ】復興を通して東北地方がどのように変化しているのか判断する。	復興を通して東北地方がどのように変化しているのか判断しよう ・学習内容を基に，震災によって東北地方がどのように変化したかまとめる。 ・将来に向けてどのような変化が望まれるかについて判断して文章で表現する。	○震災から現在までの変化と，未来への変化について考えさせる。 ■思イ

第3時 本時の目標
東北地方の魚の流通量が減少した理由について考えよう

1 導入　東北の漁業の特色について調べる

　まず，東北地方で水揚げ量が多いものについて，写真を提示してクイズ形式で理解させる。もし実物が用意できるのであれば，さらに強く関心を引くことができる。また，地形の特色として三陸海岸がリアス海岸であり，潮境に近いという特色から，漁業に適することを理解させる。その上で，東日本大震災後に東北の水産物や加工品の流通量が激減したデータや，被害の写真などを示す。

2 展開　東北の水産物などの流通が激減した理由を多面的・多角的に考える。

　「なぜ東北の漁業や水産加工業はこれほど打撃を受けたのか」と問い，その理由を考えさせる（ワークシートの❷）。表は，側面と立場で大別し，さらに自然条件，社会的条件の側面と，生産者，小売業者，消費者の立場に分けている。それぞれの視点から考えるのは難度が高いが，地理的分野の学習も後半に差し掛かる時期のため，生徒に挑戦させる。

> **見方・考え方を働かせるポイント** ▶▶▶
> 自然条件や社会条件といった位置や空間的な広がりの視点や，人々の相互関係の視点から，東日本大震災が産業に与えた影響について，多面的・多角的に考えることができるようにする。

3 まとめ　東北地方の他の産業について考える

　本時の学習内容を生かし，「漁業以外の産業はどのような影響を受けたのだろうか」と問う。漁業と同様の視点で農業や観光業などへの震災の影響について，自主学習として調べさせる（ワークシートの❸）。生徒の中には，ワークシートに書ききれないほどの内容を調べる生徒もいる。そのため，ワークシートではなく，ノートを活用しても良いと伝えておく。

ワークシートの解答例

❶ ①いか　②わかめ　③さんま　④リアス（式）

❷ ①（例）リアス海岸のため，津波の被害が大きくなった。
　②（例）船や港の設備，工場が被害を受けた。交通網が途切れて，生産しても輸送できない。
　A（例）被災したため，漁や加工品の生産をする余裕がない。
　B（例）原発事故などによって良くない印象を抱き，購入を控える人がいた。
　C（例）他の産地から仕入れることができるため，仕入れ先を切り替えた。

❸（例）農業においても，太平洋側を中心に桃やりんごなどの果物や，米の流通量が減少した。
　　　　観光業においても，国内や海外からの観光客が大幅に減少した。

本時のワークシート

単元を貫く学習課題 ▶ 東北地方は東日本大震災によってどのように変化しているのか

東北地方の産業

今日の目標 ▶ 東北地方の魚の流通量が減少した理由について考えよう

❶ 東北地方で漁獲量が多いものクイズ
① (　　　　　　　　) …青森が2位（1位は北海道）
② (　　　　　　　　) …宮城が2位（1位は徳島県）
③ (　　　　　　　　) …東北が2～4位（1位は北海道）
※復習…東北の三陸海岸は，日本有数の（④　　　　　　　　）海岸

❷ 東北地方の魚の流通量が減少した原因について考えよう。

側面	①自然に関する面	
	②社会的な面	
立場	A 生産者の立場から	
	B 買う側の立場から	
	C 売る側の立場から	

❸【補足】漁業以外の産業については，どのような影響があったか。

第5時 復興と東北の祭りの関連性について関心を高めよう

本時の目標

1 導入　東北地方の伝統的な祭りへの関心を高めて由来を調べる

動画投稿サイトなどを活用して青森ねぶた祭，秋田竿灯まつり，仙台七夕まつり，盛岡さんさ踊り，山形花笠まつりを紹介する。その上で，それぞれの祭りの由来について資料から読み取って，農業などの地域でさかんだった産業と深い関わりをもつことを理解する（ワークシートの❶）。

2 展開　現在の東北地方の祭りの特色を資料から理解する

「農作業などが由来の東北地方の祭りは，現在はどのような役割を果たしているか」と発問し，導入と同じ資料から，祭りが大きな集客力をもつことに気付かせる。その際，観光客数と東北各県の人口の2つのデータに着目し，比較を促す。そのような視点から考える活動を通して，青森のねぶた祭では県民の倍以上の観光客が訪れるなど，東北地方の有名な祭りには，大きな経済効果があることを理解できる。

見方・考え方を働かせるポイント ▶▶▶

東北地方では同じような由来をもつ祭りがあるという空間的な広がりや，いずれも多くの観光客を集めるという共通性の視点から，文化の一形態である祭りが果たす役割について考えさせることで，見方・考え方を働かせる。

3 まとめ　復興の視点から東北地方の祭りの役割について考える

本時の学習内容をふまえて「震災からの復興に向けて，祭りはどのような役割を果たす可能性があるか」と問う。未来の可能性について想像力を働かせて検討する活動なので，幅広い視野から自由に意見を出させ，東北地方への生徒の関心を高めることをねらいとする。

それと同時に，本時の学習内容を生かすために，祭りには何かを祈願する意味があることや，祭りが有効な観光資源であることなどの視点に着目させる。また，本単元の主題である「人口」とも関連させるようにする。

― ワークシートの解答例 ―

❶　（例）農業の豊作を祈るなど，東北地方の産業が由来のものが多い。

❷　（例）東北地方の祭りには，各県の人口と同じくらいか，上回るほどの観光客が集まる。

❸　（例）観光客を増やすことで，東北地方の経済面での復興と人口の増加につなげる。
　　　　震災の犠牲になった人たちへの祈りを込めて祭りを行い，東北地方に暮らす人々と，観光で県外から来た人の心を1つにする。

本時のワークシート

単元を貫く学習課題 ▶ 東北地方は東日本大震災によってどのように変化しているのか

東北地方の文化

今日の目標 ▶ 復興と東北の祭りの関連性について関心を高めよう

❶ 下の表を見ると，東北各県の有名な祭りにはどのような由来があるか。

県	人口 (万人)	祭り	由来	観光客数 (万人)
青森	127	青森ねぶた	夏の農作業の妨げとならないように灯篭を流す。	269
		弘前ねぷた		164
宮城	236	仙台七夕まつり	手芸の上達や豊作を祈る。	217
秋田	116	竿燈まつり	竿燈を稲穂に見立て豊作を祈る。	140
岩手	124	盛岡さんさ踊り	鬼が退散したという伝説。	139
山形	109	山形花笠まつり	土木作業の歌が民謡になった。	98

（人口は2018年の推計。観光客数は2015年の主催者発表数。）

❷ 上の表から考えると，東北地方の祭りが現在はどのような役割を果たしているか。

❸ 東日本大震災からの復興のために，祭りはどのような役割を果たす可能性を秘めているか。

日本の様々な地域

18 北海道地方

▶単元構想

単元の目標

○北海道地方に関する資料を活用しながら，北海道地方の寒冷で広大な自然環境を主題にして，北海道地方の地域的特色や自然と人間の相互依存関係を理解し，その知識を身に付ける。

○北海道地方について，自然環境を中核として人々の生活や産業などと関連付けながら，他の地域との相違点に着目して多面的・多角的に考察し，その過程や結果を適切に表現するとともに，自然との共生のあり方について判断する。

○北海道地方に対する関心を高め，自然環境が地域に与える影響について考えるとともに，過去，現在，将来を見通しながら地域的特色について意欲的に追究する。

単元を貫く学習課題

他の地域に勝る北海道の魅力とは何か

各時間の目標

1	自然と歴史から北海道への関心を高めよう
2	北海道の寒さと広さの価値について考えよう
3	北海道の農業がどのような役割を果たしているか理解しよう
4	北海道の漁業の変化について資料から読み取ろう
5	北海道観光と地域経済を地図に表現しよう
6	北海道の魅力についてまとめよう

評価規準

知識・技能	思考・判断・表現	主体的に学習に取り組む態度
ア 北海道地方の農業が日本の食糧生産を支えていることを理解している。 イ 北海道地方の漁業が国際的なルールの影響などで変化したことを資料から読み取ることができる。	ア 北海道地方の寒冷な気候や広大な自然が人々にもたらす価値について考えている。 イ 北海道地方の観光と地域経済の関連性を主題図に表現している。	ア 北海道地方の概要を意欲的に調べ，自然の豊かさについて関心を高めている。 イ 北海道地方の魅力について関心を高め，自然環境を中心とした特色を意欲的に表現している。

▶単元の指導計画

時	ねらい	学習活動	○教師の指導　■評価
		他の地域に勝る北海道の魅力とは何か	
1	【北海道地方の概要】北海道地方の概要を意欲的に調べ、自然の豊かさについて関心を高める。	自然と歴史から北海道への関心を高めよう ・北海道地方の主な地形を調べて白地図に書き入れる。 ・アイヌ文化と自然の関係を理解する。 ・厳しい自然に耐えて開拓を行った歴史について、資料から理解する。 ・単元を貫く学習課題に対する考えを書く。	○開拓期の北海道をテーマにした映画や、アイヌ民族をテーマにした漫画を取り上げ、生徒の関心を高めさせる。 ■態ア
2	【北海道地方の自然】北海道地方の寒冷な気候や広大な自然が人々にもたらす価値について考える。	北海道の寒さと広さの価値について考えよう（→ p.118） ・北海道の気候の特色を雨温図や地図から調べる。 ・寒冷な気候や広大な土地を生かす利点について考える。	○自然の特色がプラスかとマイナスという形で価値判断をさせる。 ■知ア
3	【北海道地方の農業】北海道地方の農業が日本の食糧生産を支えていることを理解する。	北海道の農業がどのような役割を果たしているか理解しよう（→ p.120） ・主な農産物の生産量に占める北海道の割合について調べる。 ・北海道での食糧生産がなくなった場合の自給率について計算し、日本の食料生産における役割について理解する。	○アメリカ合衆国の農業の特色との関連性について考えさせる。 ■思ア
4	【北海道地方の漁業】北海道の漁業が国際的なルールの影響などで変化したことを資料から読み取る。	北海道の漁業の変化について資料から読み取ろう ・北海道の地域別漁業生産量や魚種別生産量の特色を、主題図から理解する。 ・育てる漁業への転換をグラフから理解し、その理由を多面的に考える。	○歴史的分野の中世や近世の学習と関連付ける。 ■知イ
5	【北海道地方の観光】北海道地方の観光と地域経済の関連性を主題図に表現する。	北海道観光と地域経済を地図に表現しよう ・北海道各地の自然環境を生かした観光について調べ、各地の産業と関連付けた主題図を作成する。	○他地域との気候の違いに着目させる。 ■思イ
6	【単元のまとめ】北海道地方の魅力について関心を高め、自然環境を中心とした特色を表現する。	北海道の魅力についてまとめよう ・学習内容を基に、北海道の魅力をランキング形式でまとめる。 ・単元を貫く学習課題に対する自分の考えを文章で記入する。	○テレビや雑誌の企画のような形で、北海道の魅力をまとめる。 ■態イ

第2時 北海道の寒さと広さの価値について考えよう

本時の目標

1 導入　北海道の気候の特色を資料から読み取る

桜前線の地図を提示して「なぜ北海道では桜が咲くのが遅いのか」と尋ね、寒冷な気候（冷帯）であることを意識させた上で、地図帳などにある札幌と東京の雨温図を比較する（ワークシートの❶(1)）。あわせて、北海道内に地域差があることを、日照時間の分布図や雨温図から理解させる。次に、東京都と面積を比較して北海道の広さを理解させる（ワークシートの❶(2)）。

2 展開　北海道の面積と気候の特色について考える

「北海道の広さは、暮らす人にとってプラスかマイナスか」と問い、教科書などを参考にして考えさせ、価値判断をさせる。広大さを生かした農業や観光、自然エネルギーの利用ができる半面、都市間の移動に時間と費用がかかることなどの意見を出させる（ワークシートの❷）。

次に「北海道の寒さは、プラスかマイナスか」と問う。広さに比べると、寒さはマイナスの印象を抱きやすい。実際、除雪の問題や冬期間の農業が制限されることなどの課題が多い。しかし、夏の冷涼な気候や冬の雪や氷を利用して観光客を招きやすいという良い面にも気付かせる（ワークシートの❸）。あわせて、雪冷房などの新技術を紹介する。

> **見方・考え方を働かせるポイント ▶▶▶**
> 自然が人々に与える影響や、人々が自然環境を利用するという人間と自然の相互依存関係の視点から、プラスかマイナスかという価値判断を通して考えることで見方・考え方を働かせる。

3 まとめ　北海道の自然を産業に活用する方法についてまとめる

本時の学習内容を生かし、「北海道の広さや寒さは、どのような産業に活用できるか」と問い、北海道の広大な自然や寒冷な気候に適応し、産業に活用できることを理解させる。

ワークシートの解答例

❶ (1)札幌の方が東京より約6.5℃低い。

　(2)エ　〈補足〉式　83424÷2191

❷ （プラスの例）大規模な農業ができる。広大な自然を楽しむ農業ができる。渋滞がない。

　（マイナスの例）交通の便が悪い。移動に時間とお金がかかる。過疎になりやすい。

❸ （プラスの例）夏は涼しいので観光に適している。冬は雪や氷を利用した観光ができる。

　（マイナスの例）除雪。暖房。冬期間の農業が制限される。冬の道路事情が悪い。

❹ （例）観光　自然エネルギー　農業　漁業

本時のワークシート

単元を貫く学習課題 ▶ 他の地域に勝る北海道の魅力とは何か

北海道地方の自然

今日の目標 ▶ 北海道の寒さと広さの価値について考えよう

❶ 北海道と東京を比べよう。

(1) 札幌と東京だと,年平均気温は何度の差があるか。

(2) 北海道の面積は東京都の何倍か。ア〜エから1つ記号で選びなさい。

【参考】北海道の面積…83424km^2　　東京都の面積…2191km^2

ア　約4倍　　イ　約18倍　　ウ　約28倍　　エ　約38倍

答え（　　　　　）

❷ 北海道の広さは,暮らす人にとってプラスかマイナスか。

{ 　プラス　　マイナス　 }

理由

❸ 北海道の寒さは,暮らす人にとってプラスかマイナスか。

{ 　プラス　　マイナス　 }

理由

❹ 【まとめ】北海道の広さや寒さは,どのような産業に活用できるか。

第3時 本時の目標 北海道の農業がどのような役割を果たしているか理解しよう

1 導入　主な農産物の生産量に占める北海道の割合について調べる

　北海道の農作物クイズを行う（ワークシートの❶）。まずは何も調べずに並べさせてから，イラストが何の農作物かを示す。その後，地図帳や教科書の統計を使って修正させると，知識として定着しやすい。クイズを通して，北海道が日本の食糧基地としての役割をもつことが理解できる。

2 展開　北海道の農業の特色を理解する

　「北海道が農業生産ナンバーワンの秘密を探ろう」と発問し，まずはワークシートの白地図を塗り分け，気候や土壌に応じた農業が行われていることを理解する。平野や台地の分布は，おおよその分布がわかれば良い。

　次に，寒冷な気候に強い作物に品種改良したり，十勝平野などでは排水や土地改良をしたりしていることを説明する。そして，歴史的分野の明治時代の開拓の歴史や，地理的分野のアメリカ州の学習を振り返り，北海道ではアメリカ式の大規模農業が行われていることを理解させる。

見方・考え方を働かせるポイント ▶▶▶
　北海道地方における農業の分布の視点に着目し，日本の他の地域やアメリカなどの外国と比較しながら，寒冷な気候や広大な土地と関連付けて，生産量の多さとの因果関係について考えることで，見方・考え方を働かせる。

3 まとめ　シミュレーションを通して北海道の役割を理解する

　「もし北海道で農作物が生産されなくなったらどうなるか」と発問し，じゃがいもを例に食料自給率に変化を計算して，シミュレートする。具体的な数値を計算して考えることで，日本の食糧生産における北海道の役割の大きさを実感できる。

ワークシートの解答例

❶　オ→ウ→ア→エ→イ

　〈補足〉農林水産省統計部の資料（平成28年）では，北海道の生産割合は以下の通りである。
　じゃがいも（約80％）　米（約7％）　小豆（約92％）　生乳（53％）　てんさい（100％）

❷　①～③略　　④アメリカ

❸　（例）日本のじゃがいもの自給率に占める北海道産の割合は約56％に上るため，もし北海道でじゃがいもを生産しないと，自給率は大幅に下がる。

　〈補足〉自給率の中で北海道の占める割合は，70×0.8で，56％に上る。

本時のワークシート

単元を貫く学習課題　他の地域に勝る北海道の魅力とは何か

北海道地方の農業

今日の目標 ▶ 北海道の農業がどのような役割を果たしているか理解しよう

❶ 次のア〜オの農作物を，生産量に占める北海道の割合が多い順に並べ替えなさい。

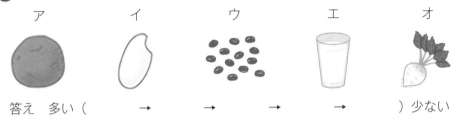

　　ア　　　　イ　　　　ウ　　　　エ　　　　オ

答え　多い（　　　→　　　→　　　→　　　→　　　）少ない

❷ 北海道が農業ナンバーワンの秘密

(1)気候や地形に応じた農業（右の地図）

　①石狩平野（稲作）を赤で塗ろう

　②十勝平野（畑作）を黄色で塗ろう

　③根釧台地（酪農）を青で塗ろう

(2)品種改良と土地改良

(3)（④　　　　　　　　　）から学んだ大規模農業

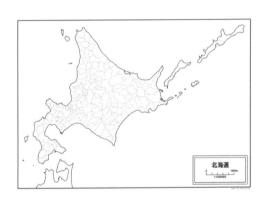

❸【シミュレーション】もし北海道でじゃがいもを作らなかったら…

　じゃがいも（ばれいしょ）の自給率は約70％である。また，生産量に占める北海道の割合は約80％である（2016年）。北海道でじゃがいもを全く生産しなかった場合，日本のじゃがいもの自給率はどうなるか。

日本の様々な地域

19 地域の在り方

▶単元構想

単元の目標
○地域の実態や課題解決のための取組を理解するとともに，考察や構想したことを適切に説明し，議論してまとめる手法について理解し，その知識を身に付ける。
○地域の在り方について，空間的相互依存作用などに着目し，地域的特色や地域の課題と関連付けながら，地理的な課題について多面的・多角的に考察，構想し，その結果を表現する。
○地域の変容や今後の持続可能性について主体的に追究し，考えたことを意欲的に表現し，地域社会の形成に参画し，その発展に努力しようとする態度を育む。

単元を貫く学習課題

観光の魅力がある函館で，なぜ人口が減少しているのか。そして，どのように解決できるか

各時間の目標

1	地域の課題について理解しよう
2	収集した資料を生かして課題の重要性を実感しよう
3	課題の要因について考えよう
4	課題の解決に向けての見通しをもとう
5	構想した成果を提言しよう

評価規準

知識・技能	思考・判断・表現	主体的に学習に取り組む態度
ア　日本各地で見られる課題が自分たちの住む地域ではどのように表れているかを理解している。	ア　課題の要因となっていることについて，類似する課題の比較や関連付けをして考えている。 イ　学習成果を個人やグループで意見交換をしながら，提言として表現している。	ア　対象地域に関する資料から意欲的に情報を読み取り，主体的に課題の重要性を理解し，課題への関心を高めている。 イ　課題を克服している地域との比較を意欲的に行い，課題解決への見通しを得て，関心を高めている。

▶単元の指導計画

時	ねらい	学習活動	○教師の指導　■評価
\multicolumn{4}{l}{観光の魅力がある函館で、なぜ人口が減少しているのか。そして、どのように解決できるか}
1	【地域の課題の把握】日本各地で見られる課題が自分たちの住む地域ではどのように表れているかを理解する。	地域の課題について理解しよう（→ p.124） ・函館市に関するアンケートの調査から、日本一の魅力度をもつ一方で、住民の幸福度が最下位だったことを理解する。 ・観光客増加の一方で人口が減少していることを理解し、単元を貫く学習課題に対する予想を立てる。	○地理的分野の学習のまとめとして、これまで学んだ各地域に見られる地理的な課題を振り返る。 ■知ア
2	【対象地域の把握】対象地域に関する資料から意欲的に情報を読み取り、主体的に課題の重要性を理解し、課題への関心を高める。	収集した資料を生かして課題の重要性を実感しよう ・人口の減少に関して、児童生徒数の減少や学校の統廃合に関する統計を調べる。 ・第1時の幸福度アンケートの指標となった統計資料を班で分担して読み取る。 ・函館市における人口減少の要因や影響についてまとめる。	○地域の課題に関する統計や地図、新聞記事などの資料を事前に収集し、生徒に積極的に提示する。 ■態ア
3	【課題の要因の考察】課題の要因について、類似する課題の比較や関連付けをして考える。	課題の要因について考えよう ・函館市と同じ中核市であり、人口が減少している青森市や下関市と比較する。 ・共通する点の関連付けを通して、人口減少の要因を理解する。	○様々な要因の中から、地理的な事象に関する内容に着目させる。 ■思ア
4	【課題の解決に向けた構想】課題を克服している地域との比較を意欲的に行い、課題解決への見通しを得る。	課題の解決に向けての見通しをもとう（→ p.126） ・函館市と同じような条件にありながら、人口が増加している都市の取組について情報を収集する。 ・クラゲチャートを活用しながら、課題の解決に向けて構想を立てる。	○課題を克服している地域との比較や関連付けを通して、解決の方法について考えさせる。 ■態イ
5	【構想の成果発表】学習成果を個人やグループで意見交換をしながら、提言として表現する。	構想した成果を提言しよう ・人口の減少という課題に対して、地域の産業の振興や、通勤・通学の視点から解決策を考え、根拠を明確にして提言する。 ・他のグループの発表を基に、個人の意見をまとめ、単元を貫く学習課題に対するまとめの考えを記入する。	○代表グループの提言は、地域の活性化策として、コミュニティ・スクールの学校運営協議会で発表する。 ■思イ

第1時 地域の課題について理解しよう

本時の目標

1 導入　全国各地で広く課題になっている現象を振り返る

　本単元の「地域の在り方」は，2年間の地理的分野の最後に取り扱う内容である。そのため，導入ではこれまでの学習を振り返って**「日本の各地ではどのような課題が見られたか」**と問う。生徒から口頭で答えを求め，産業や人口，交通，自然環境などについての変化が生じることで，地域社会が変容し，地域の課題になっている場合があることを確認する。もし意見が出づらい場合は，**「例えば九州地方ではどのような課題が見られたか」**など，具体的に問う。

　その上で，本単元では筆者の学校所在地である函館市に関する学習の例を紹介する。まず，これから2つのあるアンケート結果を紹介すると生徒に伝える。

2 展開　2つのアンケートの相反する結果を読み取る

　1つ目に，地域の「魅力度」に関する調査結果を表にまとめたものを紹介し，**「日本で最も魅力がある市町村はどこか？」**と問う。生徒は表からアンケート結果の推移を読み取って，自分たちの暮らす函館市が最も順位が高いことを理解できる（ワークシートの❶）。

　2つ目に，上記の「魅力度」調査で上位に入る市の中に，住民の幸福度が最下位の市があることを伝え，予想をさせる（ワークシートの❷）。正解は，魅力度が1位だった函館市である。

　以上の2つの結果は，一見矛盾するように感じる。しかし，調査の指標が異なる点に気付かせ，函館市のどのような特色に調査結果が影響を受けるかを考えさせる（ワークシートの❸）。

> **見方・考え方を働かせるポイント ▶▶▶**
> 　導入で，地域の課題の一般的共通性に着目させてから，展開では，函館市は魅力度1位で幸福度最下位という課題の地方的特殊性に着目させる。それらの視点から地域の在り方を考える。

3 まとめ　単元を貫く学習課題に対する予想を立てる

　函館市の観光客数の推移と人口の推移のグラフを提示し，観光客が増加傾向の一方で人口が減少していることを理解させる。その上で単元を貫く学習課題として**「観光の魅力がある函館で，なぜ人口が減少しているのか。そして，どのように解決できるか」**と問う。ワークシートの下の部分に課題を記入した上で，別紙に単元を貫く学習課題に対する予想を記入する。

> **ワークシートの解答例**
> ❶ 函館市　　❷ 函館市
> ❸ （例）魅力度は観光地としての魅力が影響する。
> 　　　幸福度は健康や生活など地域住民に関わる特徴が影響する。

本時のワークシート

地域の課題の把握

今日の目標 ▶ 地域の課題について理解しよう

❶ 魅力的な町日本一は？

下の表は，民間の会社がインターネット上で地域の魅力度に関するアンケートを行った結果をまとめたものである。質問の内容は認知度や観光，地域イメージなどである。表の5年間の結果をまとめると，日本で最も魅力がある市町村はどこか？

順位	2013年	2014年	2015年	2016年	2017年
1	京都市	函館市	函館市	函館市	京都市
2	函館市	札幌市	札幌市	京都市	函館市
3	札幌市	京都市	京都市	札幌市	札幌市
4	横浜市	小樽市	横浜市	小樽市	小樽市
5	富良野市	横浜市	小樽市	横浜市	鎌倉市

（ブランド総合研究所「地域ブランド調査」2013～2017年の結果より作成）

❷ 住民の「幸福度」最下位の市は…

民間の研究機関が発表している住民の「幸福度」のランキングがある（日本総合研究所「中核市幸福度ランキング」）。健康・文化・仕事・生活・教育などのデータを元に算出した調査である。全国の40を超える中核市以上の都市で，2016年に最下位，2018年に45市の中の42位になった市が，上の表の中にある。どこの市だと予想するか。

❸ 2つのアンケート結果は，地域のどのような特徴がそれぞれ影響するか。

◀ 単元を貫く学習課題 ▶

第4時 課題の解決に向けての見通しをもとう
本時の目標

1 導入　人口減少の課題を克服している都市に注目する

　函館市の人口減少という課題の解決に向けた構想を練るため，類似の課題に直面しつつ，先進的に克服したモデル地域の事例を調べる。具体的には，金沢市と久留米市である。函館を含めた3市はいずれも中核市であり，三大都市圏からは離れていて，新幹線が開通している。しかし，金沢と久留米の人口は増加傾向にある。

　授業では，まず3市の位置と新幹線が開通していることを地図で確認する。つづけて人口の推移を示し，「なぜ金沢と久留米は函館と同じような条件にも関わらず，人口が増えているのか」と問う。

2 展開　先進的な取組を自分たちの住む地域に生かせないか構想する

　展開で，クラゲチャートという思考ツールを使い，課題の解決への構想を練る。まず，金沢市と久留米市の「人口ビジョン」（いずれも平成27年10月発行）の中から，人口を維持・増加させる工夫を読み取り，クラゲチャートの足の部分に記入する（ワークシートの円の部分）。要因が4つ以上ある場合は，手書きで円を書き足しても良い。

　つづけて「金沢と久留米の工夫から，函館の課題を克服するための鍵を見つけ出そう」と問いかけ，クラゲチャートの頭の部分に，函館市の人口減少という課題の解決に向けた構想の中心となる内容を記入する（ワークシートの半円の部分）。なお，解決の方向性としてワークシートに記入する内容は，産業，交通など，地理的な事象に関わる内容とする。効率と公正などの視点から地方の課題について考える，公民的分野の地方自治の学習内容とは明確に分ける。

> **見方・考え方を働かせるポイント ▶▶▶**
> 地域の将来の在り方に関わる視点から，複数の立場や意見を踏まえて選択・判断する形で見方・考え方を働かせ，地域の課題の解決に向けて構想する。

3 まとめ　構想の発表に向けた準備をする

　クラゲチャートに記入した，課題の解決に向けて構想した内容をグループ内で交流する。そして，次時の発表会に向けて，提言の内容と方法について検討する。

ワークシートの解答例

（頭の部分の例）地域の自然や伝統を生かした産業を創出することで雇用を生み出す。
（足の部分の例）金沢ブランドを生かした工業と観光業の連携。久留米の農作物の6次産業化。
　　　　　　　　新幹線を生かし，通学圏内の周辺の市町村に対し，市内の大学や専門学校をPR。

本時のワークシート

| 単元を貫く学習課題 | 観光の魅力がある函館で，なぜ人口が減少しているのか。そして，どのように解決できるか |

課題の解決に向けた構想

今日の目標 ▶ 課題の解決に向けての見通しをもとう

① 他の地域の事例から，地域の課題の解決に向けて構想しよう。

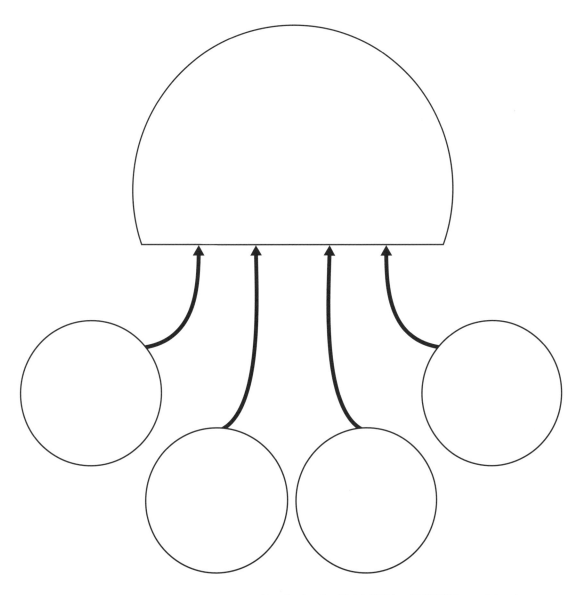

第4章 「日本の様々な地域」の授業展開＆ワークシート

「単元を貫く学習課題」に対するまとめの例

付録の使い方

　本書で紹介した単元を貫く学習課題のまとめの例を紹介します。実際の生徒のまとめを生かした文章を掲載しました。地理的な「見方・考え方」を働かせながら考察した内容となるように，また，各単元の内容の中心となる概念や語句を含んだ表現になるようにしています。

　私の場合は，単元を貫く学習課題のまとめについては，基本的にはこのように文章記述で表現する形を用いています。そして，単元の最初と最後の生徒の考えの変容に注目し，単元の関心・意欲・態度を評価する重要な資料として活用しています。ただし，生徒の実態や発達段階によっては，文章でまとめるのが大変な場合もあります。その場合は，重要な語句や概念的な知識として重要な部分を空欄にして補充させるなど，ここで紹介した文章の例を修正することで活用できます。また，文章ではなく，ポスターやプレゼンテーションソフトを活用して，いわゆるパフォーマンス課題の形で単元のまとめを行う場合もあるでしょう。その際にも，下のまとめの例の内容が含まれた形になると，単元の目標に到達していると判断できます。

1　世界の地域構成

単元を貫く学習課題　世界の中の日本の位置を地理的な語句を使って説明しよう

> 　日本は，地球上の位置に注目すると，南北に分けると北半球に位置し，東西に分けると東半球に位置する。そのため，緯度と経度を使って表すと，およそ北緯20～45度，東経120～150度の間に位置する。また，日本と周辺の大陸や海洋との位置関係に注目すると，ユーラシア大陸の東にある島国で，太平洋などの海と面していて，6つの州の内，アジア州の東アジアにある。このような位置にあるのが，日本である。

2　日本の地域構成

単元を貫く学習課題　日本は島国のため，どのような地理的な特色があるか

> 　日本は本州，北海道，九州，四国と多数の島々から構成される海洋国家である。国土の

4つの端も島国である。例えば国土の北端は択捉島だが、現在ロシアによって不法に占拠されている。また、島国のため、海岸線が長く、領土よりも広い排他的経済水域をもつ。国内は47の都道府県に分けられている。それぞれ政治や経済の中心としての都道府県庁所在地があるが、その由来は城下町や港町など様々である。

3　世界各地の人々の生活と環境

単元を貫く学習課題　各地の伝統的な衣食住は何の影響を受けているのか

世界各地の伝統的な衣食住などの生活は、気候の影響を受ける。世界には緯度などの違いで熱帯、乾燥帯、温帯、冷帯、寒帯の気候帯があり、地形の影響を受ける高地の気候もある。気候は、さらに細かく分けることができる。そのため、気候に応じた生活も、様々な姿がある。ただし、伝統的な生活は、経済発展によって変化している面もある。また、世界には仏教、キリスト教、イスラム教の世界宗教や、インドのヒンドゥー教などの民族宗教があり、気候の他にも宗教などに、暮らし方が影響を受ける。

4　アジア州

単元を貫く学習課題　この20年間で、アジアが注目されるようになった理由を考えよう

東アジアの中国では、市場経済の導入によって「世界の工場」と呼ばれるほど経済が発展した。しかし、経済格差や環境問題も起きている。韓国では工業化が進み、ソウルはアジア有数の都市となっている。東南アジアではASEANによる経済の連携が進み、地域全体としても成長している。南アジアのインドでは、繊維産業に加えてICT産業が発展している。西アジアでは、豊富な石油を生かした産業がさかんで、日本はサウジアラビアなどからの石油の輸入に頼っている。このように、アジア各地で急速に経済発展が進むことで、アジアが注目されるようになっている。

5　ヨーロッパ州

単元を貫く学習課題　10年後、EUはどのようになるのか予測しよう

予測として、EUは10年後に、経済的な結び付きを強めている。イギリスが離脱するが、トルコが加盟し、ヨーロッパの多くの国が協力してアメリカや中国と対抗する連合に

なっている可能性がある。また，EUのように国を超えて人や物が移動することの良さが，他の地域にも広がっている可能性がある。しかし，移民の問題や宗教の違いの問題は，10年後にさらに大きくなって，加盟国の間で対立につながるかもしれない。

6　アフリカ州

単元を貫く学習課題　なぜアフリカは「地球最後のフロンティア」なのか

アフリカ州は，ダイヤモンドやレアメタルなどの豊かな資源があり，人口爆発で労働力が増えているため，経済発展の可能性があるから，地球最後のフロンティアと呼ばれている。しかし，砂漠化などの環境問題や紛争，食糧不足やスラム化などの問題があるため，日本を含めた外国の支援が必要である。

7　北アメリカ州

単元を貫く学習課題　なぜアメリカは世界中に影響を与えることができるのか

アメリカは，広い面積に様々な人種の人たちが暮らしている。農業では，適地適作や大規模な農業を行い，小麦やとうもろこしの世界有数の産地となっている。工業では，豊富な資源を生かした工業や，最先端の技術を使った工業がさかんで，アメリカの製品が世界中で売られている。文化の面では，映画や音楽の他，食生活なども最先端の文化として世界各地で人気になっている。このような理由から，世界中に影響を与えている。

8　南アメリカ州

単元を貫く学習課題　南アメリカの開発と環境保護は両立できるのか

両立は可能である。南アメリカのブラジルでは，アマゾンの熱帯雨林が畑や工場，高速道路などに変化したため，森林が減少し，絶滅の危機にある生物もいる。農業や工場での生産で，最新の技術を導入して効率の良い方法を広め，環境保護も同時に行うことで，持続可能な開発を行い，今後も経済成長を続けながら，環境を保護することができる。

9　オセアニア州

単元を貫く学習課題 ▶　オセアニア州と他の地域との結び付きは，昔と現在でどのように変化しているか

　オセアニア州は，かつてはイギリスとの結び付きが強く，国旗のデザインにも表れている。しかし，日本や中国などアジアとの貿易の割合が増え，アジアと結び付きが強くなっている。経済的な結び付きの変化によって，オーストラリアでは白豪主義を止め，それによってアジアからの観光客が増えるなど，様々な面でアジアとの結び付きが強くなっている。

10　地域調査の手法

単元を貫く学習課題 ▶　函館に来る修学旅行生に役立つようなパンフレットをつくろう

　パンフレットの作成というパフォーマンス課題のため，例は省略する。内容については，函館の地域的な特色（歴史的な景観が残ること，陸繋島の先に函館山があるという特徴的な地形であること，いかなどの海産物などが豊富であることなど）をわかりやすく伝わるように工夫しながらまとめさせる。

11　日本の地域的特色と地域区分

単元を貫く学習課題 ▶　日本の国土の特色をウェビングマップでまとめよう

　右に，生徒の実際にまとめたウェビングマップを示す。まず，単元の導入で予想としてマップを書いた。そのマップに，各時間の学習を進めるごとに書き足すようにした。

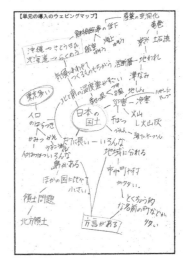

12　九州地方

単元を貫く学習課題　九州での環境問題の対策は、道徳面以外にどのようなよさがあるのか

　環境対策をすることで、地域の自然環境を守り、生活する環境も良くすることができる。また、農業では、循環型農業を行うと、リサイクル飼料を使ったり、堆肥やバイオマス発電に利用したりするので、土や水質が改善して廃棄物が減る。また、発電によるエネルギーを活用し、発電の燃料や畜産の飼料、肥料を自給できる。工業では、省エネの工夫によって、無駄が少なくなる。その結果、環境への悪影響を減らし、経済を活性化できる。

13　中国・四国地方

単元を貫く学習課題　「適度な人口」という状態はあり得るのか

　広島市のように、地域の中心として人が集まると、経済が発展する一方で、過密の問題が生じて、渋滞や地価の上昇が起きる。逆に、人口が少ない山間部などの町は、仕事や進学で都市へ人が移動し、過疎の問題が起き、産業が衰えてしまう。したがって、人口は多すぎても少なすぎても問題が起きるので、適度な人口というより、過疎や過密になった時に適切な対策をとることが大切である。過密の場合は、再開発などの対策をとり、過疎の場合は、馬路村のように都会にはない過疎地の魅力をアピールし、特産品を生かす工夫をする。

14　近畿地方

単元を貫く学習課題　かつて「天下の台所」があった近畿地方を、現在は何と呼ぶべきか

　近畿地方は、今は「日本の博物館」と呼べるような特徴がある。昔の伝統が、今の生活や産業に結び付いているのを見ることができるからである。京都や奈良には、国宝や世界遺産となっている歴史的なものがたくさん残り、町家などの伝統的な文化や景観が残っている。そのため、日本の他の地域や海外から、たくさんの観光客が訪れる。大阪は、江戸時代に「天下の台所」と呼ばれて経済の中心だった影響で、今も商業がさかんである。阪神工業地帯は、金属などの生産が多く、昔から工業の中心としての役割を果たしてきた。また、昔から交通や用水に利用されてきた琵琶湖は、努力によって水質が改善している。

15　中部地方

単元を貫く学習課題　中部地方にはなぜ生産額日本一の県が数多くあるのか

中部地方は，位置や自然を生かした工業や農業，漁業を行うことで，生産がさかんになっている。工業では，名古屋港などの港が整備し，原料や燃料の輸入と，製品の輸出を行っている。そして，製鉄所や石油化学コンビナートを整備し，自動車では部品と組立の工場が集まるなど，様々なものを結び付けた工業が見られる。また，富士山麓の水の自然を生かした製紙業もさかんである。農業では，東海地方の温暖な気候や，中央高地の涼しい気候，北陸地方の雪どけ水などの自然を生かし，名古屋に加えて東京と大阪に近い立地も利用しながら，さかんに生産している。

16　関東地方

単元を貫く学習課題　なぜ関東地方は日本国内や外国との結び付きが強いのか

関東地方は，東京を中心にして，日本の政治と経済，文化の中心の役割をもっている。そのため，交通網が整備され，日本各地や外国からも多くの人が集まっている。多くの人が集まった結果，さらに発展をして，東京の周辺の人口が増え，工業や農業も発展している。政治面では，東京に国会議事堂，最高裁判所，総理大臣官邸，各中央省庁，各国の大使館，皇居などがある。経済面では，大企業の本社，銀行の本店が集まり，京浜工業地帯での機械類の生産や，関東内陸工業地域での自動車部品やコンピューター関連の生産もさかんである。これらの役割から，他の地域との結び付きがさらに強くなっている。過密の問題に対応するため，都市機能の移転など周辺の開発や，中心部の再開発が進んだ。

17　東北地方

単元を貫く学習課題　東北地方は東日本大震災によってどのように変化しているのか

東北地方は，東日本大震災で大きな被害を受けた。漁業では，リアス海岸のために津波の被害が大きくなり，船や港の設備，工場などが被害を受けた。交通網が途切れて，生産しても輸送できなくなり，風評被害も起きた。農業でも桃やりんごなどの果物や，米の流通量が減少した。また，避難のために人口が大きく減少した地域もあった。しかし，東北地方の良さを生かしながら，復興が進んでいる。例えば，東北地方の祭りでは以前から多

くの観光客が訪れている。観光がさらにさかんになることで，復興が進む可能性がある。農業や漁業でも，品質の良い製品をつくる工夫を行っている。

18　北海道地方

> **単元を貫く学習課題**　他の地域に勝る北海道の魅力とは何か

　北海道は広大な土地と冷涼な気候という自然環境がある。気候では，除雪が必要というマイナス面があるが，夏の涼しさを生かした観光や冬の雪や氷を生かした観光が盛んであるという魅力がある。広大な土地は，交通の便が悪いというマイナス面があるが，広大な自然を楽しむ観光に生かしたり，大規模な農業に生かしたりしていることで，魅力を高めている。農業では，日本の食糧基地としての役割を果たしていて，じゃがいもや玉ねぎ，米，小麦などの生産がさかんである。

19　地域の在り方

> **単元を貫く学習課題**　観光の魅力がある函館で，なぜ人口が減少しているのか。そして，どのように解決できるか

　函館は魅力的な都市で日本一に選ばれる一方で，住民の幸福度が日本の都市で最下位であるというデータがある。仕事や進学で札幌や東京などで若者がいなくなるため，人口が減少している。解決のために，函館の自然や伝統を生かした産業を生み出し，働く場所を増やすことが大切である。特産品のいかを加工する工場や，周辺の七飯町の果物や北斗市の野菜を加工する工場を増やすなど工夫をする。その際には，港があって原料の輸入や製品の輸出が便利な点を生かして，工場を増やすようにする。また，北海道新幹線が通っていることを生かして，東北地方の新幹線沿いの市町村で，函館市内の大学や専門学校に来るようにPRをする。あわせて，観光の魅力をさらに発信して，新幹線を利用した観光や，移住者を増やす工夫をする。

あとがき

　十数年前，初めて教壇に立った頃，先輩の先生方から「発問が命」とよく助言を受けました。「問い」は，授業の核になります。本書を執筆しながら，新学習指導要領が実施される中で，「問い」の重要性はますます高まっていると，ひしひしと感じました。地理的な「見方・考え方」を働かせて「主体的・対話的で深い学び」を実現するためには，課題の追究に対する生徒の意欲を喚起するような「問い」や，仲間と議論する必要性を感じるような「問い」，地理的な特色の本質に迫るような「問い」が必要です。本書で示した単元を貫く学習課題や，授業実践例の中で取り上げた発問は，そのような条件を満たす「問い」になるように構想しました。不十分な点は数多くありますが，本書の内容が1つのきっかけとなり，新学習指導要領に基づいた社会科の指導の研究が進展することを願っています。

　さて，学級経営や生徒指導と同じく，教科指導においても一貫した指導を継続することが重要です。単元を貫く学習課題についても，一部の単元で導入する先行実践は多くあります。しかし，すべての単元で学習課題を設定するのは，時間の制約や準備の大変さなどから，敬遠されてきました。だからこそ，本書が先生方の負担軽減や授業改善に役立てば幸いです。

　そして，授業の改善を図ると，生徒の力は着実に伸びていきます。実際に，単元を貫く学習課題の取組を続けると，社会科が苦手な生徒でも10分ほどで200字を超える文章を書くことができるようになりました。内容についても，地域の特色などの学習内容の本質を捉えた表現でまとめることができるようになりました。

　本書で紹介した実践は，函館市立亀田中学校の生徒たちと共に学ぶ中で作り上げたものを基本としています。本書を刊行することができたのも，私の授業を受けてくれた，延べ800名を超える生徒たちのおかげです。また，函館市中学校社会科教育研究会の一員として学んできたことが，私の授業のスタイルの基礎になっています。同研究会の会員の先生方やOB・OGの先生方に，改めてお礼申し上げます。

　そして，何より明治図書出版の大江文武さんには，本書の出版の機会を与えていただいた上，様々な編集の労をとっていただきました。企画の段階から本書の構成に至るまで，実際の社会科の授業に活用しやすい工夫や，授業改善に役立つ内容になるように，様々なアイディアをご提案していただきました。心より，お礼と感謝を申し上げます。

　日々の業務に追われる中で，授業の形を変えることに対して，多くの先生方に時間的・心理的な余裕がないかもしれません。しかし，社会で生きる力を生徒に養うのは，社会科の使命です。生徒の可能性を引き出して学力を保障するには，授業改善が大切です。授業を改善することで，生徒は地理の学習を心待ちにするようになります。本書がその一助になれば幸いです。

2019年1月

川端　裕介

【著者紹介】

川端　裕介（かわばた　ゆうすけ）
現在，北海道函館市立亀田中学校に勤務。
1981年札幌市生まれ。北海道教育大学札幌校大学院教育学研究科修了（教育学修士）。函館市中学校社会科教育研究会研究部長。ＮＩＥアドバイザー。函館市南北海道教育センター研究員。社会科教育では，平成24年度法教育懸賞論文にて公益社団法人商事法務研究会賞，第64回読売教育賞にて社会科教育部門最優秀賞，第29回東書教育賞にて奨励賞などの受賞歴がある。また，学級通信を学級経営に活用し，第13回「プリントコミュニケーションひろば」にて最優秀賞・理想教育財団賞，第49回「わたしの教育記録」にて入選などを受賞。著書に『豊富な実例ですべてがわかる！中学校クラスが輝く365日の学級通信』（明治図書出版）がある。

中学校社会サポートBOOKS
単元を貫く学習課題でつくる！
中学校地理の授業展開＆ワークシート

2019年2月初版第1刷刊	ⓒ著　者	川　端　裕　介
2022年1月初版第7刷刊	発行者	藤　原　光　政
	発行所	明治図書出版株式会社

http://www.meijitosho.co.jp
（企画・校正）大江文武
〒114-0023　東京都北区滝野川7-46-1
振替00160-5-151318　電話03(5907)6702
ご注文窓口　電話03(5907)6668

＊検印省略　　　組版所　広研印刷株式会社

本書の無断コピーは，著作権・出版権にふれます。ご注意ください。
教材部分は，学校の授業過程での使用に限り，複製することができます。

Printed in Japan　　ISBN978-4-18-274815-8
もれなくクーポンがもらえる！読者アンケートはこちらから→